QUANDO EU OLHO *PARA TRÁS*

Kanucha Barbosa

QUANDO EU OLHO PARA TRÁS

Labrador

© Kanucha Barbosa, 2024
Todos os direitos desta edição reservados à Editora Labrador.

Coordenação editorial Pamela J. Oliveira
Assistência editorial Leticia Oliveira, Vanessa Nagayoshi
Direção de arte Amanda Chagas
Capa Giovanna Souza
Projeto gráfico Marina Fodra
Diagramação Nalu Rosa
Edição de texto Algo Novo Editorial
Preparação de texto Carla Sacrato
Revisão Mariana Cardoso
Imagens de capa Arte: Dana Patel, Fotografia: Gabriel Gritten

Dados Internacionais de Catalogação na Publicação (CIP)
Jéssica de Oliveira Molinari - CRB-8/9852

Barbosa, Kanucha
    Quando eu olho para trás / Kanucha Barbosa.
    São Paulo : Labrador, 2024.
    96 p.

    ISBN 978-65-5625-715-0

    1. Barbosa, Kanucha – Memórias autobiográficas I. Título

24-4419   CDD 920.72

Índice para catálogo sistemático:
1. Mulheres - Memórias

Labrador

Diretor-geral Daniel Pinsky
Rua Dr. José Elias, 520, sala 1
Alto da Lapa | 05083-030 | São Paulo | SP
contato@editoralabrador.com.br | (11) 3641-7446
editoralabrador.com.br

A reprodução de qualquer parte desta obra é ilegal e configura
uma apropriação indevida dos direitos intelectuais e patrimoniais
da autora. A editora não é responsável pelo conteúdo deste livro.
A autora conhece os fatos narrados, pelos quais é responsável,
assim como se responsabiliza pelos juízos emitidos.

Ao Francisco, que, quando nasceu,
trouxe uma revolução consigo.
À vó Maria. Tenho saudades; te amo.

"Ter vivido uma coisa, qualquer que seja,
dá o direito imprescritível de escrevê-la."

Annie Ernaux

Sumário

Carvão ———————————— 11

Medo ———————————— 14

Carne viva ———————————— 20

A casa de tijolos ———————————— 26

Em suas mãos ———————————— 33

Pequena grande ———————————— 39

Viver a dor ———————————— 44

A morte ———————————— 49

Volte ao normal ———————————— 54

História de amor ———————————— 61

Por que não eu? ———————————— 65

Água e óleo ———————————— 69

Silêncio ———————————— 74

Fator de proteção 90 ———————————— 78

Tardes de lazer ———————————— 82

Lágrimas ———————————— 91

Agradecimentos ———————————— 95

Carvão

Comecei a frequentar aulas de pintura quando tinha sete anos. Era um ateliê simples, perto de casa, abarrotado de materiais. Paletas velhas, telas em canva em branco, cavaletes, mil bisnagas usadas pela metade... tudo manchado de tinta. O cheiro era forte, denso e, ao mesmo tempo, estimulante.

Na primeira aula, me senti num terreno estranho, mas magnético. Estava curiosa para saber se tinha ou não talento para pintar bem, mesmo sem saber o que *pintar bem* significava. Seria fazer desenhos perfeitos, sem borrões e sem pintar fora das linhas? Seria escolher cores que combinavam entre si? Ou seria ter criatividade o bastante para pintar algo merecedor de elogios dos adultos?

O que eu não sabia era que, antes de colocar a mão na massa e escolher cores e pincéis, precisaria fazer um desenho inicial com um carvão fininho, que parecia um giz de cera comprido e sujava as mãos.

Infelizmente, não resgatei essa memória para dizer que descobri um dom e me tornei uma grande pintora. Tudo isso veio à mente porque eu estava tentando trazer sentido e unidade às palavras que venho escrevendo nos últimos meses.

São histórias sem começo ou fim, mas que têm em comum lembranças e sentimentos primitivos. São os desenhos de carvão no canvas antes de a tela receber as pinceladas que vão transformá-la em um quadro apresentável.

As formas feitas pelo carvão são a base para o que vem em seguida; são rascunhos permanentes, traços invisíveis, mas que existem. Representam nossas experiências mais básicas e dilacerantes, que depois serão preenchidas com cores e texturas, muitas vezes bonitas e alegres; outras, feias e sombrias.

Eu me lembro de pintar um vaso de girassóis uma vez. Como sempre, fiz o desenho com carvão e depois o preenchi com as cores escolhidas: tons de marrom para o vaso; de vermelho, a toalha de mesa; de verde, os caules; de amarelo, as flores; de azul, o pano de fundo. Cores e pinceladas que, conforme se acumularam, deram mais complexidade ao quadro.

Minha professora era uma senhora paciente e, quando eu borrava alguma parte, ela me ajudava a consertar a figura com uma camada de tinta aqui e ali. No curso desse quadro, criamos uma estampa para a toalha de mesa que achei ter arruinado depois de um movimento desastrado. A toalha, que antes seria lisa, tornou-se xadrez.

Deve funcionar assim depois que o carvão estiver gravado na tela e a vida acontecer: vamos preenchendo as formas como dá, com improvisos e mudanças de rota e, quem sabe, até fingindo que era ali que queríamos chegar o tempo todo.

E os traços iniciais? São importantes para começar, mas depois ninguém mais os vê. Só você sabe que eles estão ali — e algumas vezes quer esquecê-los.

Carvão

O que fiz ao longo desses contos, suponho, foi passear pela tela, acompanhar cada detalhe exterior e tentar olhar além das pinceladas; reviver o carvão.

Confesso que algumas linhas são incertas nas histórias que vou contar, são lacunas preenchidas com a imaginação. Mas a base está aqui, exposta e aberta a interpretações que não consigo mais controlar, apenas aceitar — e, quem sabe, incorporá-las à pintura.

Medo

Na primeira vez que me sentei no sofá de uma psicóloga, disse em tom de resignação:

— Tenho medo de tudo e estou exausta disso. — Uma introdução bem direta.

Não sei como ela engoliu a frase, já que sempre me vi como aquela pessoa que passa uma primeira impressão confiante e "normal". Para todos os efeitos, eu era isso: mais uma mulher mediana sentada em uma poltrona na sala de terapia para falar sobre coisas comuns, como amores não correspondidos, problemas com chefes ou inseguranças com o próprio corpo. Nada mais, nada menos.

Ela ficou em silêncio. Fitou meus olhos, encorajando-me a desenvolver aquela frase tão decidida. Uma frase que, sim, é estranha de se dizer em voz alta, mas realmente sinto que a todo momento sou comandada pelo medo.

— Hoje mesmo, passeando com meu cachorro, pensei que ele poderia se soltar da coleira e cair no bueiro. Quando estou dirigindo, tenho medo de adormecer no volante sem perceber. Na praia, raramente deixo a água passar do umbigo, pois tenho um medo paralisante de tubarões. Às vezes, quando a diarista está limpando o meu apartamento, penso que ela pode pegar uma faca e me matar do nada, no meio de um surto psicótico. Minha imaginação não conhece nenhum limite quando se trata de medos.

Não me lembro do que a psicóloga me disse naquela sessão, mas sei que continuei falando sobre minhas fantasias catastróficas sem filtro algum — e com certo prazer.

Meses depois, descobri que estava grávida. Sentia como se o feto fosse feito de cristal. Se estivesse no uber e o carro começasse a balançar, parecia que o feto ia quebrar. Quando estava na fila do almoço e alguém trombava em mim, imaginava ele se machucando. Era como aquele jogo em que a gente coloca um ovo numa colher e tem que equilibrar a colher na boca do ponto A para o ponto B.

— Parece que tudo o que eu faço pode fazer o bebê morrer — constatei, não inconsciente da primeira frase que havia me levado ali, o anúncio de uma medrosa.

No primeiro ultrassom, estava fora de mim, mesmo que apenas por dentro. A médica havia dito que aquele exame informaria se o meu filho teria algum problema genético. Liguei para a psicóloga antes de entrar na sala do ultrassom e falei que a culpa era minha. Eu tinha fumado demais, eu era velha para ser mãe. Se algo acontecesse, era porque eu tinha herdado os genes defeituosos dos meus pais.

Na sala da ginecologista, descobri que o bebê estava ok e que o medo era infundado.

— Sua gravidez está ótima — a médica falou. — Pode andar de ônibus, pode ficar horas em pé, pode até praticar esportes. Está tudo bem!

Enquanto o carregava em meu ventre, tive uma condição que se chamava hiperêmese gravídica — um enjoo permanente, que não foi embora depois dos três ou cinco meses, como para a maioria das mulheres. Basicamente, o meu corpo tinha uma reação ao hormônio da gravidez que me fez sentir náuseas por todo o período.

A hiperêmese era cruel. Todos os dias, eu acordava com enjoos fortíssimos que duravam o dia todo, até de madrugada. Não foram uma ou duas vezes que acordei às quatro horas da manhã só para vomitar. Mas, por incrível que pareça, eu agradecia. Enquanto eu acordasse enjoada, como se estivesse vivenciando a pior ressaca do mundo, saberia que o bebê estava vivo.

Quando eu era criança, meu pai vivia me apresentando situações em que as coisas poderiam dar errado. Falava sobre como era perigoso atravessar uma rua e como eu deveria estar sempre atenta a estranhos que fossem "amigáveis" demais. Morávamos em um bairro de classe média de uma cidade pequena, não havia muitos crimes, mas, mesmo assim, ele me informava sobre estupradores em potencial ou assaltos à luz do dia. Estar desatenta não era uma opção.

Esse mesmo pai, que alertava sobre os medos da rua, trazia o medo para dentro de casa. Muitas vezes, ele perdia a razão e brigava com a minha mãe. Um dia, eles discutiam aos berros sobre dinheiro e ele a empurrou. Dali em diante, as coisas engrossaram. Os dois se batiam e eu temia que a situação saísse do controle — o que frequentemente acontecia. Como a vez em que os dois estavam brigando e minha mãe pegou uma faca, gritando que o mataria. Ou quando ela se trancou atrás da porta de vidro da sala e ele a quebrou, abrindo uma ferida enorme no braço da minha mãe.

Ela berrava que ele era um homem que não honrava as calças. Ele gritava que ela era louca e que o tirava do sério.

Talvez o medo tenha surgido, pra ficar, no pior dia da minha infância. Eles gritavam na sala, o tipo de briga que o prédio inteiro podia ouvir. Tomado pelo ódio, meu pai foi até o quarto deles e voltou à sala com um revólver nas mãos, sem apontar para lugar algum. Eu vi a arma e, sem entender, fugi para o banheiro, tapando os ouvidos enquanto meu corpo entrava na minha primeira crise de pânico. Mãos nas orelhas, o grito na garganta, a visão falhando. Era como se sombras tomassem conta das laterais de meus olhos e eu entrasse em um túnel escuro e sem saída. Minha respiração entrou em curto. Eu não entendia o que estava acontecendo com a minha mente e o meu corpo, e isso era o mais aterrorizante.

Depois, meu pai me contou que só pegou a arma porque iria dormir na casa da irmã naquela noite, e ela morava em um bairro perigoso.

— Eles não vão se matar. — Um tio disse após alguns dias, quando eu confidenciei o episódio a ele.

— Não sei, tio. Acho que um dia eles se matam.

E assim eu cresci, esperando, com medo, que um dia meu pai matasse a minha mãe ou vice-versa.

As crises me acompanharam pela vida. Aos treze anos, por exemplo, a professora de química ensinava fórmulas incompreensíveis quando, do nada, meu coração acelerou e eu caí em um choro tão profundo e descontrolado que precisei ser acompanhada até a enfermaria por uma colega assustada. Depois de me acalmar, não consegui explicar de onde aquele sentimento tinha surgido. Aos 21, quando já morava sozinha, acordei às cinco horas da manhã sem ar, com as paredes encolhendo-se e prendendo-me em um vórtice, com a certeza da morte iminente. Estava convencida de que, naquele momento, minha vida havia chegado ao fim. Não havia enfermaria ou uma amiga para me dar a mão e me puxar do redemoinho.

As crises nunca passaram, então estou sempre tentando impedir o medo de sequestrar todas as células do meu corpo. Tento restringir o direito dele de existir. Racionalmente, sei que vivo num constante estado de alerta que não tem fundamento. Um estado que deixa meu corpo e minha mente preparados para um ataque invisível — o que é torturante e exaustivo.

Encarar um medo que nasceu dentro de casa parece impossível. É como um amigo imaginário que nunca partiu. Me sentir indefesa é o maior fracasso de todos. Muitas vezes, sou levada ao ódio. Uma mulher adulta que ainda se coloca na pele de uma menina fraca e abandonada? Que derrota vergonhosa.

— Sentir medo é humano, faz parte da nossa evolução. — Ouço da terapeuta e penso o quanto às vezes odeio tudo que é humano, mas respiro e dou razão a ela.

É um mecanismo de defesa. Se não sentíssemos medo, não teríamos chegado até aqui, em termos de escala de evolução, digo. Gostaria muito de ter chegado até aqui sem tanto medo, esse medo espesso, incontrolável. Mas, por outro lado, ele me construiu, faz parte de quem eu sou.

Uma vez, uma amiga me disse que conseguiu dominar o medo de avião pensando no pior que poderia acontecer.

Se ela pensasse, não aconteceria. Ninguém entra em um avião com a certeza de que vai morrer e morre. É impossível prever o futuro desse jeito, não é? A ansiedade, afinal, é mais ou menos isso: tentar prever todos os cenários possíveis, principalmente os mais catastróficos e, desde a infância, esse parece ser meu jogo preferido.

Talvez eu tenha ficado boa *demais* nele.

Carne viva

Vovó morava numa rua com chão de terra marrom-aver-melhada que sempre deixava os meus pés encardidos. Por isso, para entrar na casa depois de brincar fora, eu e meus primos tínhamos de dar a volta pelo quintal e entrar pelos fundos, onde um banheiro externo nos esperava. Eu me lavava minuciosamente para poder pisar descalça no chão frio de ardósia sem levar bronca. O chão era tão limpo que eu poderia lambê-lo e não sentiria nojo. Mas, se eu fizesse isso, talvez vovó me desse um pito, pois, para ela, o chão estava sempre imundo. Vivia dizendo que a casa estava imunda.

Minha avó faxinava o próprio banheiro duas vezes por dia, mesmo com 82 anos, e mesmo depois de a empregada já ter feito isso.

— Ela não sabe limpar direito — reclamava.

Em seu armário, os cabides eram alinhados centímetro por centímetro. Cada canto da casa tinha uma função para auxiliar na ordem; tudo tinha seu lugar certo.

Eu poderia fazer o mesmo — lamber o chão sem nojo algum — na casa da minha mãe, onde morei por dezoito anos. Se tem uma palavra que essas duas mulheres têm em comum é *limpeza*. Às vezes, via as dobras de seus dedos ficarem em carne viva por causa do sabão.

Minha mãe vivia com o rodo em mãos e guardava todos os talheres na geladeira (sua desculpa era que poderiam entrar baratas nas gavetas). Ah, e antes de guardar os talheres na geladeira, eles deviam ser fervidos e esterilizados. Ela estava sempre com roupa na máquina e com um pano imbuído de álcool por perto. Todas as noites, lavava a louça e a pia com uma esponja nova e secava tudo com um pano para cada coisa: um para pratos, um para copos e um para a pia. Tudo ficava brilhando.

Assim fui criada, em casas impecavelmente limpas: na completa assepsia e odiando cada momento disso.

Vovó me dizia para, ao chegar da rua, limpar direto a sola do sapato para não sujar o armário. Mamãe lavava as calcinhas no banho, deixava de molho no vinagre e passava ferro para matar os germes que sobravam.

Na infância, eu podia me safar dessas tarefas porque sabia que elas não aguentavam muito tempo até fazerem por mim. Não suportavam a bagunça ou "o jeito errado de fazer". Além disso, sempre tivemos funcionárias que ajudavam na limpeza. E elas quase nunca paravam em casa por causa das exigências da minha mãe.

— Aquela mulher era uma porca! — Ela chamava todo mundo de porco.

Nos tempos rebeldes, eu usava a obsessão por limpeza contra a minha mãe. Na adolescência, deixava meu quarto desarrumado como protesto, e criei um ódio imenso por lavar a louça. Em uma de nossas brigas, virei de propósito um copo de suco de maracujá no chão. Sabia que aquilo a deixaria louca. Dito e feito; foi pior do que aparecer grávida de um traficante. Ela gritava desconcertada enquanto corria para a área de serviço para pegar um pano de chão e o rodo. Em poucos segundos, mamãe nem lembrava o motivo da discussão e me chamava, aos berros, de *porca*.

Quando fui morar sozinha, na época da faculdade, deixava roupas sujas no chão ou as enfiava no armário de qualquer jeito. Havia sempre louça amanhecida e talheres na gaveta, para as supostas baratas fazerem a festa. Mas, uma vez, recebi meu primo em casa e fiquei horrorizada com uma observação dele.

— Você também tem uma toalhinha com o bordado "pia banheiro" em cima da bancada, igual a sua mãe e a vó — comentou, rindo.

Aparentemente, não era toda casa que contava com um pano específico para secar a pia do banheiro depois de o morador escovar os dentes ou lavar o rosto.

Os sintomas foram se multiplicando com o tempo. Passei a reparar em manchas mínimas nos lençóis e a ter pavor de banheiros sujos. Quando ia à casa de caras que estava conhecendo, universitários que também moravam sozinhos, ficava com nojo do chão, das pias e até das camas. Lavar as calcinhas com vinagre, limpar as solas dos sapatos e passar água fervente na pia da cozinha começaram a fazer parte da minha rotina.

Ao mesmo tempo, quando voltava para a minha cidade, me recusava a aceitar que estava me transformando nelas, pois as duas continuavam muito mais obcecadas do que eu. Quando eu entrava na casa da minha avó e era obrigada a lavar a privada depois de usá-la, constatava que não era igual a ela. Quando via a minha mãe pegar dinheiro com um guardanapo, dizendo que as cédulas eram sujas e cheias de doenças, tinha certeza de que não era igual a ela.

Aí eu tive meu filho. Quando ele nasceu, não queria que quem não passasse pelo meu crivo o pegasse no colo ou sequer respirasse em cima dele. O álcool em gel foi posicionado em pontos estratégicos da casa, como uma indireta constante aos moradores e convidados. Sapatos dentro de casa? Nem pensar! Que coisa de louco. Mas não, eu não era igual a elas porque se tratava de um bebê. Logo aquela fase passaria.

Quando ele começou a comer, eu mesma lavava todas as frutas e legumes com um empenho cirúrgico. O arroz e o feijão não podiam ficar fora da geladeira por mais de quinze minutos, pois criavam bactérias. Nenhuma embalagem de plástico deveria ocupar espaço no freezer, e guardar legumes ainda no saco do supermercado na geladeira era um crime inafiançável.

Veio a pandemia de covid-19, e as regras sanitárias não me chatearam. Andar de máscara na rua era realmente necessário. Lavar as embalagens, os alimentos, limpar todas as superfícies com álcool 70: tudo isso parecia o certo a se fazer. O tempo em casa me fez organizar todos os armários com precisão e as roupas ganharam tipos de dobras específicas e começaram a ser separadas por cor e categoria. Até descobri novos vícios: maquininhas etiquetadoras e vídeos de limpeza nas redes sociais.

Mesmo com toda a assepsia, elevada a potência por causa das novas regras de saúde, vovó morreu de covid-19.

No fim, o vírus ultrapassou a barreira de limpeza dela. Eu estava longe quando ela foi internada e me preocupava se o quarto no hospital estava limpo, com cheiro de desinfetante de lavanda, como ela gostaria que estivesse. Um dia, por telefone, pedi para a enfermeira que limpasse bem a vovó e passasse um pouco de óleo Sève em sua pele, para que ela ficasse cheirosa, já que a obsessão por limpeza se estendia ao próprio corpo. Ela ficaria puta da vida se morresse suja e fedida.

Tempos depois, já muito distante daquelas mulheres, eu estava prestes a ter uma crise de ansiedade depois de uma reunião de trabalho. Até que me vi me afastando do computador e sendo atraída para a cozinha. De uma forma robótica, tirei tudo da geladeira e limpei freneticamente cada canto com álcool, detergente, desinfetante. O cheiro de produtos de limpeza me acalmava, mas não foi o suficiente. Desmontei as prateleiras e passei água fervente em cada uma delas. Lavei as frutas e os legumes com vinagre e água sanitária — embora já estivessem lavados — e guardei tudo em vasilhas de vidro — que são mais higiênicas. No fim, a geladeira estava limpa e eu, mais calma.

Naquele dia, enquanto me distanciava um pouco do episódio, senti tristeza por mamãe e vovó. Pensei no mínimo espaço que elas tinham para externalizar suas emoções, no pouco acesso que tinham a um diagnóstico de ansiedade, depressão ou qualquer coisa que deviam ter e nunca foi descoberta, pois psiquiatras eram indicados apenas para os "loucos". É estranho me ver tão próxima e tão distante delas. Acredito que, por saber que a limpeza é um mecanismo de defesa, estou me saindo melhor do que as duas, mas admito que isso pode ser ingenuidade e, talvez, arrogância.

Durante a conversa com uma amiga sobre tal obsessão ancestral pela limpeza, ela apontou algo que me chocou.

— Você é assim com a escrita, já percebeu? Fica editando, ou seja, limpando seus textos infinitamente. Talvez por isso alguns deles nunca estejam "prontos".

Foi então que percebi que a limpeza sempre me acompanhou, até na época da rebeldia, mesmo que de outra forma. Desde sempre, tenho o hábito de me sentar em frente ao computador, escrever textos pela metade — seja a aspiração de um longo romance ou apenas um conto aparentemente inofensivo — e passar anos voltando ao começo e limpando-os, sem nunca colocar o ponto-final. Me perguntei muitas vezes o motivo de não conseguir terminar nada, sendo que o meu sonho sempre foi esse, o de escrever. Limpar esses textos me trouxe paz mesmo não sendo a razão oficial de eles existirem.

Seja higienizando a sola do sapato ou lutando contra baratas imaginárias nas gavetas, vejo que, assim como minha mãe e avó, sempre busquei estratégias externas que pudessem trazer ordem a um caos interno.

Caos que, talvez, tenha sido injustamente condenado, oprimido e varrido para debaixo do tapete.

A casa de tijolos

Os tijolinhos aparentes daquela casa até podem ter sido escolhidos por causa do orçamento apertado, mas eu amava aquele visual — mesmo não sabendo que eles virariam moda anos depois, graças à onda da arquitetura industrial. O desenho feito pelas camadas de cimento intercalando os tijolos me fazia passear pelas paredes com a ponta dos dedos, tateando a textura áspera, sentindo aquele lugar que prometia dias felizes, uma nova era para a família.

Até hoje sonho que estou na casa de tijolinhos, mesmo ela tendo durado apenas sete anos em nossas mãos, até ser vendida para pagar dívidas em um período difícil. São sonhos vívidos; alguns contemplativos, outros sem tanto sentido. De vez em quando, os quartos aumentam de tamanho, ou então diminuem. Às vezes, o cenário ganha uma casinha anexada; em outras, um novo andar. Em um dos sonhos, atiradores ao redor do lar querem me matar e eu tenho que me esconder a todo custo, sozinha.

Nossa casa de fim de semana no meio do cerrado nasceu quando eu deixava a infância e entrava na adolescência. Uma fase intensa, confusa, autodestrutiva. Uma coisa importante sobre a autodestruição é que ela nem sempre é aparente; não é sempre que ela é mostrada aos outros por meio de

A casa de tijolos

atitudes rebeldes, suspensões na escola e problemas com autoridade. Às vezes, ela acontece como uma implosão, quando a culpa, o medo e a autodepreciação se instalam lentamente na essência da pessoa.

A casa era simples, pequena. Tinha apenas dois quartos — o do casal e o das filhas —, uma cozinha separada da sala por um balcão dos mesmos tijolos, duas varandas — uma que dava para a cozinha e outra, para a sala, usada também como garagem —, além de uma minipiscina de fibra. As árvores do terreno foram quase todas derrubadas, exceto por um pé de goiaba e um de pequi, duas das poucas frutas que odeio. Quando o almoço era arroz com pequi, meu estômago se revirava com o cheiro e eu pedia para a minha mãe me deixar almoçar na casa de algum amigo ou da minha avó. Já meu problema com goiabas é diferente, porém não mais fácil de resolver: sempre imagino que elas virão premiadas com minhocas nojentas.

Debaixo da goiabeira, meu pai mandou cimentar, e ali virou um espaço de churrasco ou piquenique. Antes de comprarmos a churrasqueira, ele empilhava tijolos como peças de Lego, colocando carvão na parte interna e uma grelha em cima — e *voilà*, almoço garantido. Eu gostava de carne, mas nada batia uma piraputanga assada no papel-alumínio.

Ao lado da casa, ainda dentro dos muros, havia um terreno vazio de terra avermelhada. Algumas vezes no ano, tínhamos a sorte de chover o suficiente para aquela terra virar lama e criar uma crosta seca e dura, como um enorme creme *brûlée*. Nossa brincadeira preferida de criança era quebrar a casca com os pés descalços e afundá-los na lama

27

gosmenta, abrindo bem os dedos. A sensação? *Deliciosa*. O ponto certo era analisado séria e cuidadosamente. Não podíamos pisar muito cedo, pois a crosta não estaria seca, nem muito tarde, pois a parte gosmenta poderia endurecer e arruinar tudo.

Enquanto esperávamos a lama endurecer, outra brincadeira tomava nossas agendas infantis: podíamos jogar detergente na capa da piscina e escorregar sobre ela no espaço do gramado. Quando meus pais deixavam, colocávamos a capa sobre a piscina sem amarrá-la nos ganchos e pulávamos no meio. O plástico nos sugava, fechando acima de nós, e a sensação era de areia movediça.

— Tem gente que morre assim. Nunca façam isso sem adultos por perto! — alertava meu pai. Naquela época, o perigo trazia um tempero a mais.

Depois de um tempo, consegui autorização para ir a pé sozinha até a casa da minha avó, que ficava no mesmo bairro. Não foi difícil decorar o caminho: subia a rua, virava à direita em um boteco, descia a rua paralela, passava duas esquinas e virava à esquerda na rua da minha avó. De vez em quando, escondida, passava pelo terreno da casa de outras pessoas para cortar caminho entre as ruas paralelas. Não sei se entendia que estava invadindo a propriedade de alguém, e a economia era de cinco minutos no máximo, mas a aventura trazia uma excitação diferente. O bairro era pobre, os terrenos tinham mato alto e eram divididos por arames farpados, então era fácil passar despercebida.

Um dia, um homem me viu. Ele ficou me olhando, perplexo, talvez pensando na minha audácia. Andei mais

A casa de tijolos

rápido, mas sem correr, e pulei o segundo arame farpado. Cortei a parte interna do joelho, senti o sangue escorrer, fingi que nada aconteceu. Segurei o choro e saí correndo em direção à casa de minha avó, sem olhar para trás, com medo de estar sendo seguida. Quando cheguei, a dor reprimida saiu na forma de um grito: *Vóóóó!*

Minha roupa estava toda manchada de sangue, e eu tremia descontroladamente. Ela me acalmou, me levou para perto da mangueira, me limpou e me conduziu para a varanda. Rezei para não ouvir aquela frase, mas não adiantou.

— Vou pegar o confrei — vovó sentenciou. Um remédio usado para quase todos os nossos machucados, que nada mais era do que uma mistura de galhos e folhas de confrei com álcool. Ficava em um vidro de azeitona e tinha uma aparência horrorosa, macabra. E ardia como fogo. — Aqui, pegue esta maçã.

Eu sabia o que fazer: enquanto ela passava o algodão encharcado de confrei no machucado, eu tinha que morder a maçã para não gritar. Nunca mordia a maçã e sempre gritava alto. No dia seguinte, tive que ir ao médico para tomar uma vacina antitetânica.

Também brincávamos nas redes da varanda-garagem. Eram redes altas, mais perigosas do que as da casa da minha avó. A distância entre a parede e o pilar em que os ganchos foram instalados era maior. Com doze ou treze anos, como bons espíritos de porco, balançávamos uns aos outros até ficarmos de cabeça para baixo. Certo dia, minha prima caiu no meio do voo e abriu o queixo em um degrau. Fiquei preocupadíssima quando o pai dela a levou ao pronto-socorro e aguardei o retorno, sentindo-me péssima. Quando voltaram, minha prima estava sorrindo com um curativo no queixo, levemente triunfante.

— Cinco pontos! O médico teve que enfiar a mão inteira dentro do meu queixo.

— Mas o queixo não tem buraco. Como é que ele enfiou a mão inteira dentro do seu queixo?

— Não sei, mas ele enfiou.

Então a adolescência chegou. O ponto de virada se perdeu em minha memória. Para mim, é como se, num fim de semana, eu brincasse alegremente no creme *brûlée* de lama e, no outro, eu já não quisesse sair da frente da televisão. A piscina se tornou uma vilã, pois entrar nela significava vestir um maiô cafona e mostrar minhas coxas cada vez mais grossas e minhas pernas cada vez mais peludas.

Quando fiz dezesseis anos, meu melhor amigo tinha uma irmã mais velha que já dirigia e, de vez em quando, conseguíamos convencer minha mãe a nos deixar ir para a casa deles sem adultos.

— A fulana é muito certinha, até meio *nerd*, mamãe. Estamos do lado da casa da vovó; qualquer coisa, corremos para lá.

A irmã também tinha o próprio plano: no fim do dia, nos deixava em casa e corria para dormir com o namorado, não muito longe dali.

Um dia, meu amigo levou maconha. Experimentei e quase imediatamente senti o estômago embrulhar.

— Nossa, que coisa horrorosa.

— Você não deve estar fumando direito.

A casa de tijolos

— Não gostei de maconha... parece pequi.

Adorávamos ficar na varanda até tarde, iluminados apenas pela luz da lua. Dormíamos sozinhos no breu que é uma cidade do interior, em um bairro que sequer era asfaltado. Mesmo sem adultos conosco, comprávamos cerveja e cigarro no boteco da esquina. Jogávamos truco até de madrugada ou íamos para festas na casa de algum cara mais velho que conhecíamos fora da escola. Mais velhos, começamos a ir a raves próximas de casa. Sempre com a desculpa da irmã mais velha, tínhamos a liberdade de voltar depois do amanhecer e acordar às duas da tarde com a cabeça explodindo de ressaca. A história oficial contada aos meus pais era que tínhamos jogado baralho, comido cachorro-quente e tomado Coca-Cola. Até hoje, não entendo como acreditavam naquelas mentiras.

Uma bolsinha cheia de ecstasy e lança-perfume foi furtivamente apresentada no banco de trás do carro, ainda na estrada, a caminho de uma rave, pelo meu amigo. Na entrada da cidade, havia blitz que revistava os carros, os porta-malas, às vezes, até as bagagens. Ao ver os policiais selecionando os que seriam parados e os que podiam seguir, meu coração acelerou, minhas mãos ensoparam e eu senti uma dor de barriga tão grande que me fez pensar que nunca mais aceitaria aquela bolsinha perto de mim — coisa que nunca aconteceu, pois o pensamento se diluía horas depois, quando a bala me fazia flutuar. É como acordar de ressaca e dizer que nunca mais vai beber.

Um dia, a bolsa ganhou um novo componente.

— Vamos experimentar pó — ele anunciou.

— Eu não vou — respondi —, mas você pode fazer o que quiser.

No fim, experimentei. Senti prazer, poder; me senti linda, inteligente, interessante; me senti feliz. No dia seguinte, tudo virou de cabeça para baixo. Vergonha, culpa, eu era uma desgraça, uma pessoa má. Senti toda a tristeza que existia em mim, que não era pouca. Acordei antes de todo mundo (ou nem sei se dormi), peguei o saquinho com o restante do pó de dentro da bolsa e o joguei na privada.

As duas experiências me assustaram: a felicidade intensa e a tristeza profunda. Enquanto assistia à televisão na sala e tentava superar o efeito rebote, eu passeava com a ponta dos dedos entre os caminhos de cimento áspero.

— Você nasceu para que fôssemos mais felizes, mas não está cumprindo sua promessa — eu disse à casa de tijolinhos.

Em suas mãos

Quando penso nela, me lembro de suas mãos. Mãos velhas e enrugadas, com veias verdes arroxeadas saltando da pele fina, manchada e branca. Suas unhas eram garras compridas, sempre pintadas com uma mistura de café e rebu. Nunca na vida pintou as unhas de outra cor. Os dedos carregavam três anéis. Um de esmeraldas enfileiradas, que ficava no dedo médio; uma aliança de ouro, dessas clássicas de casamento; e um de pequenos brilhantes por toda a circunferência, sustentado pela aliança.

Nossos dedos eram igualmente finos, como de crianças. Tamanho onze. Para a minha secreta satisfação, seus anéis nem entravam nos dedos das outras netas. Nossa conexão sempre começava pelas mãos. Quando a via, eu segurava suas mãos e tirava os anéis. Colocava-os em meus dedos e falava:

— Um dia, eles vão ser meus.

Hoje, dois deles são, a aliança de ouro e o anel de esmeraldas, mas queria que não fossem.

Quando tinha uma brecha, eu me sentava ao lado dela e pedia para coçar minhas costas. Poderia ficar horas recebendo carinho daquelas unhas. Ou então pedia para que trançasse meu cabelo. As tranças eram lindas, e o bônus era o carinho no couro cabeludo.

Ah, vovó. Se não fosse você, não sei o que eu seria.

Ela era majestosa. Elegante, perfumada, bem-vestida. Tinha as roupas para ficar em casa, que eram perfeitamente boas para usar na rua, e as roupas para sair. Tinha um fraco por sapatos. Nossos pés também eram do mesmo tamanho, mas eu não gostava tanto assim de sapatos, tudo me apertava ou me doía. Seu cabelo era grosso e liso, cheirava a spray Karina e não mexia nem um centímetro. Sua pele estava sempre hidratada com óleo Sève. Hoje tenho medo de sentir esses cheiros.

A casa dela estava sempre perfeita, como sua aparência. Era caprichosa, como ela mesmo dizia — adjetivo que, para ela, tinha dois significados: alguém que faz as coisas com capricho e a pessoa que é teimosa. Ela era ambos. Às vezes me chamava de caprichosa também, quando estava brava e dizia que eu deveria respeitar os mais velhos.

Ela era um emaranhado de amor, afeto, raiva, teimosia, sarcasmo e tristeza.

Quando provocada, gritava, falava palavrões, xingava e humilhava. "Vá para puta que te pariu." Perdia a paciência, brigava com o meu avô, com os filhos, com o meu pai. Defendia fervorosamente esses mesmos filhos, me falava que era como uma galinha que mantém os pintinhos debaixo das asas. Uma galinha feroz. Eu também era sua filha, também vivia debaixo de suas asas, mesmo estando longe.

Nós, netos, seguíamos as regras da casa. Horários, banho antes do jantar, dormir cedo etc. Não me lembro de brigar feio com ela. Deve ter havido brigas, principalmente durante a adolescência. E talvez tenha sido sobre minha mãe.

— Respeite sua mãe, ela te ama. Só quer seu bem. Mãe é sagrada. — Ela falava.

Seu humor era ácido e simplório. Ria de si mesma.

— Sabe essa barriga inchada? — Dava tapinhas na própria barriga. — Está cheia de bosta! — E caía na gargalhada.

— Vó, você é linda. Suas mãos são lindas, seu cabelo, seu rosto, suas muxibas. Você é linda.

— Sua avó tá é velha, mas acho que vaso ruim não quebra fácil mesmo.

O vaso, no caso, era cheio de rachaduras. Reclamava de dores nas pernas por causa das varizes, no estômago por causa da gastrite e da diverticulite, da vista, da cabeça. No punho tinha artrite, em razão dos anos de trabalho manual.

Ela quem me ensinou a bordar e tricotar. Suas mãos eram ágeis e talentosas. No seu ponto-cruz, a parte de trás do tecido era impecável, diferente da minha, toda cheia de nós e fios soltos. Passava horas na varanda, na cadeira de balanço, tricotando, olhando os netos brincarem embaixo do pé de manga.

— Faz um casaco preto para mim, desses até o joelho, bem chique? Esse ano quero uma blusa rosa, igual à da novela.

No fim da noite, antes de dormir, sentava-se na beira da cama e rezava o terço para os anjos da guarda dos filhos e netos e para Nossa Senhora. Os dedinhos passavam as bolinhas do terço com agilidade.

— Quando estiver se sentindo desprotegida, com medo de algo, imagine um manto azul te cobrindo, Maria vai te proteger.

Ela usava robes e camisolas de seda e, quando me deixava dormir com ela, eu a via se preparando para se deitar depois da reza. Tirava o robe e o colocava cuidadosamente dobrado na poltrona ao lado da cama. Passava óleo Sève nos braços e se deitava ao meu lado.

— "Santo Anjo do Senhor, meu zeloso guardador, se a ti me confiou a piedade divina, sempre me rege, me guarde, me governe, me ilumine. Amém." — rezávamos juntas, baixinho, antes de fechar os olhos.

Eu cresci e fui embora. Não queria voltar para casa, mas voltava por causa dela. Chegava e a abraçava forte, pegava em suas mãos, roubava seus anéis.

— Você é tão linda, vó.

— Sua vó tá é velha, pronta pra morrer. Já não tenho mais tanto ânimo; odeio ser velha.

— Não fala isso. Sinto saudade, te amo.

Ela se conectou, usava o WhatsApp, fazíamos Facetime. Eu ligava só para ouvir sua voz, mas ela sempre acabava contando as fofocas da família e também narrava os filmes e as novelas a que havia assistido nos últimos tempos. Sua voz? Todos os dias me lembro daquela voz fraquinha e aguda. "Minha netinha." Num surto de dor, apaguei todas as mensagens e áudios. Não sei se me arrependo, talvez doesse mais ouvir a voz dela de novo.

Sua morte foi traumática, horrenda, trágica. Eu não estava perto. Ninguém estava. Quando pegou covid-19, me ligou tossindo. Tentei manter a calma, não podia voar pra lá, não sabia bem as chances de pegar a doença. Meu filho era pequeno, não dava pra deixá-lo. Eu ligava de hora em hora, mandava mensagens. Mas, depois que ela entrou no hospital, não saiu mais.

A última vez que falei com ela, eu estava cansada, pois ela estava sendo caprichosa. Não queria comer a comida do hospital.

— Aqui é horrível, lotado. Estou numa cama perto de uma televisão alta que nunca desligam.

— Tivemos sorte de conseguir vaga em um hospital, vó. Estava tudo lotado. Tente dormir; você precisa descansar — falei algo do tipo e desliguei. Não falei que a amava nem que ela era linda.

Ela perdeu a consciência, foi transferida para um hospital melhor, mas não acordou mais. Não podia receber visitas, era contra as regras da pandemia. Ainda estava positivada, mesmo em coma. Teimava, caprichosa como era, e não morria. Antes de dormir, eu falava baixinho:

— Vó, pode ir, não precisa ficar por nós. Pode descansar.

Queria desesperadamente pegar em sua mão e dizer palavras de consolo.

Foi tão difícil. Eu me senti caindo lentamente de um precipício, sem poder me agarrar a nada, em nenhuma mão. Minha vó demorou vinte dias para morrer. Só se despediu quando, por um milagre, minha tia e meu primo conseguiram autorização para visitá-la. Mandei um áudio pelo meu primo dizendo que eu me lembrava do cheiro do pão de cebola quentinho saindo do forno, do óleo Sève, do spray Karina, que aqueles eram os meus cheiros preferidos da vida. *Eu te amo*. Eles tocaram para ela ouvir.

Horas depois, vovó morreu em seus termos. Recebi uma ligação às seis da manhã e chorei tanto que tudo ficou preto. Meu coração estava vazio. Não pude visitá-la, não pude enterrá-la, não a vi morta.

Quando minha tia recebeu os pertences, eu perguntei sobre os anéis. Ela me disse que vovó tinha entrado no hospital usando os três, mas que só havia recebido dois de volta.

— Como alguém pode roubar o anel de uma velha à beira da morte?

No fim, fiquei apenas com os dois anéis que sobraram, e eventualmente me pergunto onde esse terceiro, o de pequenos brilhantes, foi parar.

Sempre imaginei que ela morreria mais velha, beirando os cem anos, deitada em sua cama com os netos e bisnetos ao redor. Mas esse seria um desfecho muito perfeito para a vida da minha avó. E perfeição nunca foi algo que combinou com ela.

Pequena grande

Saí do carro com minha Melissa rosa-pink novinha e pisei na rua sem asfalto da entrada da casa da minha avó paterna. Eu estava com calor e irritada. Foram quase dez horas de viagem com meu pai, da capital até o norte do Mato Grosso. Eu era uma menina mimada porque morava em um apartamento e usava roupas da Lilica Ripilica e da Pakalolo, e a casa da minha avó era pequena, talvez a menor que eu já tinha visto na vida. Fazia parte de um condomínio de casinhas iguais, moradias populares — coisa que só descobri um tempo depois.

Meu pai trabalhou na roça até os catorze anos, era muito inteligente e gostava de estudar. Nem sei como, conseguiu passar na universidade federal e cursar Direito. Tornou-se um advogado conhecido, dos que dão entrevistas para jornais, mas não ficou rico, embora tenha subido muitos degraus e nos colocado em uma situação confortável. Estudei em escolas particulares, fiz aulas de inglês, balé, pintura e piano. Viajávamos para o Rio de Janeiro e para o interior de São Paulo. Quando eu tinha quinze anos e o dólar estava um pra um, até fui para a Disney.

O degrau da casa de vovó era de cimento sem acabamento e dava em uma pequena sala, onde estavam minhas tias. Eram quatro mulheres muito parecidas, com o cabelo bem preto e a pele morena, assim como eu. O cômodo era escuro, embora a janela estivesse aberta e as paredes fossem brancas. O teto não tinha forro.

Cumprimentei todas com um abraço artificial e caminhei até um canto, ao lado da TV, onde uma velhinha mirrada estava sentada em uma cadeira de fios verdes. Ela não deu um pio, mas sua expressão era de expectativa. Sua pele era muito enrugada e escura; o cabelo, branco e enorme, preso em uma trança; e os olhos, nublados.

Aquela não era a primeira vez que eu a via, pois vovó já tinha viajado para a cidade onde eu morava. Mas era a primeira vez que eu ia à casa dela. Isso era estranho, não era? Já que compartilhamos o mesmo sangue e até o mesmo nome.

Aproximei-me com um misto de vergonha e curiosidade e peguei a sua mão, para ela perceber que eu estava ali.

— Oi, filhinha — falou baixinho. Deixei seus dedos de pele calejada e grossa caminharem pelo meu rosto, enquanto ela sorria e falava: — Seu nariz continua o mesmo, fino e arrebitadinho. — Sua mão tocou meu cabelo, acariciando-o suavemente. Depois seguiu para os meus ombros, com o toque mais forte. — Você está alta. Posso te dar um abraço? — me perguntou baixinho.

Não respondi nada e apenas a abracei com força. Ela cheirava a condicionador e sabonete.

Uma das tias pegou a minha mão e me levou ao quintal, alegando que tínhamos que preparar o almoço. Acompanhei-a, procurando o olhar do meu pai, que conversava

Pequena grande

com uma de suas irmãs. Minha avó foi atrás da gente, caminhando devagar, com as mãos nas paredes para entender onde estavam as curvas da casa. Passamos pela cozinha, que tinha algumas prateleiras de madeira, copos de requeijão e panelas de ferro amassadas, e chegamos à varanda. Lá, um fogão à lenha dividia espaço com uma mesa de madeira ladeada por dois longos bancos. Sentei-me e senti uma farpa em minha perna, mas não tive coragem de reclamar.

Observei duas das minhas tias esfregando milho em um grande objeto, que presumi ser um ralador, acomodado sobre uma bacia de metal. Queria perguntar o que estavam fazendo, mas, de novo, senti vergonha. Meu pai deve ter percebido e falou que ia ter pamonha. Fiquei animada; adorava pamonha.

Enquanto tudo acontecia, observei minha avó sentada na mesma cadeira de fios, que tinha sido movida para a varanda. Continuava encurvada e quieta. Ouvia atentamente as conversas e só falava quando alguém lhe perguntava algo diretamente. Respondia baixinho, olhando para frente e para o nada.

Quando o almoço foi servido, vovó recebeu um prato e comeu tudo, apoiando-o em seu colo. Pegou o frango com as mãos e o restante — arroz, feijão e farofa — comeu com uma colher.

Três décadas depois, esse dia me veio à cabeça meio sem contexto, enquanto eu estava no meio do típico trânsito infernal, tentando buscar o meu filho na escola. Moro em São Paulo, dirijo um carro bom, a escola dele é particular e meu bairro fica a quilômetros de distância daquele condomínio de casas populares. *Passados tantos anos e a uma distância tão grande, o que eu tenho em comum com a minha avó?*

Depois de poucas viagens na infância com meu pai para a cidade natal dele, no interior do interior, nunca mais vi minha avó paterna. Nem fui ao seu enterro, pois estava em época de provas na faculdade. E, agora, o que eu realmente sabia sobre ela, além da marcante cegueira? Chegou a estudar? O que gostava de comer? Que tipo de mãe foi? Tinha sonhos? Sempre que penso nela, imagino sua figura mirrada, encostada num canto, quase apagada. Será que foi sempre assim? Será que foi feliz?

Perguntei finalmente ao meu pai, pelo WhatsApp: *Por que resolveu dar o meu nome igual ao dela?* A resposta: *Sua avó era muito querida por todos. Filha única da Dinha (avó Francisca, sua bisa). Nascida na Bahia profunda, no interior, longe de tudo. Diferente da mãe dela, era muito da paz, bem tranquila mesmo.*

Bom, eu não sou tão calma assim, a ansiedade não deixa. Se eu morasse no interior e a vida tivesse tomado outro rumo, pode ser que eu fosse mais como ela, "da paz". Mas, hoje, sou meio que o oposto disso. Então, a dúvida sobre o que temos em comum permaneceu.

Horas mais tarde, meu pai mandou outra mensagem, complementando o assunto: *Viajaram trinta dias da Bahia para Goiás, de Correntina para um lugar chamado Cachoeira, com tropas de animais e a pé, em 1940. Ela tinha onze anos. Não deve ter sido fácil.*

Tentei imaginar minha avó criança, antes de perder a visão por causa da catarata. Uma menina, magrinha e inocente, tendo que viajar por um percurso tão grande — dei uma olhada no Google Maps e a distância entre as duas cidades é de 820 quilômetros, o que daria duzentas horas de caminhada; oito dias e meio, se a pessoa não parasse para dormir. Aquela criança deve ter sentido tanto medo durante essa travessia. E talvez esse medo esteja em meus genes. Entre tantos pavores, tenho medo de ser apagada, de não deixar nada de útil para trás. Medo de me perder, de me transformar em nada, de ser esquecida no canto.

Quando virei mãe, vi parte de mim morrer. Senti o luto por um eu que nunca mais vai existir, um eu cheio de possibilidades, sonhos, independência e egoísmo. Não era melhor ou pior; só era diferente. *Nunca mais vou poder fazer algo pensando apenas em mim. Será que vou virar uma mulher sentada no canto da sala, ouvindo a todos e falando apenas quando solicitada? Uma espectadora da vida?*

Porém, quando penso melhor, sei que a teoria do medo é injusta com aquela menina que virou uma senhora pequenininha, porque ela era gigante. Sua coragem e força foram o que permitiram que eu pudesse ir para longe e viver coisas tão extraordinárias nesta vida. Corre em meu sangue um pouco dela. E compartilhamos não medo, mas valentia. Quem sabe, seu espírito esteja vivendo grandes aventuras ao meu lado.

Viver a dor

Quando meu filho se machuca, em vez de tentar evitar o choro, reconheço que a dor existe e ofereço algum tipo de ajuda. Por mais simples que isso possa parecer, encaro minha reação como um pequeno ato de rebeldia. A resposta dele varia: às vezes, pede um beijinho, outras, explica como se machucou, com uma investigação completa da cena do crime ("daí eu andei até aqui e bati nesse cantinho da mesa e doeu muito"); ou se levanta e fala que "machucou, mas já passou".

Na minha infância, a maioria dos adultos agia de outra forma. "Não foi nada, não precisa chorar, já passou!" era anunciado depois de um tombo e até de uma queda de bicicleta que tirava sangue dos joelhos ou cotovelos.

Dor é para ser engolida, meu cérebro registrava.

Eu tinha apenas seis anos quando minhas crises de torcicolo começaram — e se estenderam até a adolescência. Sempre aconteciam do dia para a noite: eu ia dormir bem e acordava mal.

— Mamãe — gritava do meu quarto ao acordar. — Estou com pescoço duro! — E me desfazia em lágrimas, acompanhadas da imediata resposta:

— Não precisa chorar, não deve ser nada.

Nunca era "nada". Se eu tentasse mover meu pescoço um milímetro para o lado, uma sensação terrível tomava conta da parte de cima do meu corpo. Uma casca rígida se formava no meu pescoço e, quando eu achava uma posição minimamente confortável, era impossível sair dela.

É engraçado como algumas sensações ficam na memória. Sinto a dor do pescoço duro viva em mim, mas é difícil descrevê-la fielmente: é como ser queimada por um ferro de passar? Ter o pescoço prensado por uma máquina pesada? Sentir milhares de bolhinhas de fogo estourando na pele?

— A menina está estressada. Precisa parar de se preocupar demais — a massagista dizia, enquanto envolvia meu pescoço com toalhas quentes. Eu gostava dela, uma senhora gentil que falava parecido com a minha avó, mas não entendia por que ela me chamava de *estressada*, já que minha família dizia que eu era *doce* e *calminha*.

Eu também me enxergava assim, e sabia que alguém doce e calmo não grita, esbraveja e esperneia. Uma pessoa calma engole a dor e diz que está tudo bem, que não é nada. Mesmo que fique com a garganta entalada.

Só que, de fato, eu vivia sob uma condição estressante. Minha casa podia ser um território hostil e, quando as brigas começavam, em vez de vomitar protestos e gritos de revolta, eu me escondia no banheiro. Era impossível não me preocupar, tomada pelo medo de que algo grave aconteceria após o primeiro grito.

As crises de torcicolo diminuíram na adolescência. Talvez as transgressões dessa fase me aliviassem o suficiente para que eu não guardasse parte da dor dentro de mim.

Infrações como bebida e mentiras me libertavam, assim como novos hormônios, que me faziam gritar que odiava aquela casa e não via a hora de sair de lá.

Passado o período da rebeldia adolescente, já depois dos vinte anos, meu pescoço voltou a me atormentar. E, uau, que retorno triunfante! A casca dura e torturante se multiplicou e envolveu nuca, ombros, escápulas, lombar e até o rosto. Eu morava longe da casa dos meus pais, num território estranho, e não tinha a quem recorrer. Mas, mesmo me sentindo sozinha e vulnerável, queria permanecer ali a qualquer custo. Meu antigo lar já não era uma opção; tinha que engolir qualquer medo. Precisava reagir.

Minha resposta não foi atacar a dor e, sim, mascará-la. Os analgésicos cumpriram a função por muito tempo — aliados de uma guerra em que a dor física não tinha espaço, já que a sobrevivência era atrelada ao trabalho duro. Quando se está entrando na vida adulta, ouvimos muito que os obstáculos são aprendizados e nos tornam mais fortes. "Chegue antes de seu horário e saia depois de todo mundo"; "Mostre iniciativa, faça mais do que o esperado"; "Seja pau pra toda obra"; "Não falte ao trabalho, pega muito mal"; "Não diga 'não' para o seu chefe"; "Encare as críticas como um desafio". Eu acreditei em tudo isso.

Engoli humilhações, ignorei sinais de cansaço e insatisfação, observei silenciosamente injustiças... Tudo para conseguir me sustentar sozinha, sem precisar olhar para trás. Tudo para provar que conseguia, que era capaz, que tinha valor. Eu já era grandinha, podia tomar minhas próprias decisões. Se as dores aparecessem, era só enfiar alguns comprimidos goela abaixo e seguir em frente.

Foi um simples zumbido que mudou as coisas. Um *piii* infinito, como aqueles que abrem os filmes das fitas VHS. O barulho se instalou no meu ouvido durante o puerpério, época em que o cansaço mental e físico é desesperador, época em que a gente descobre dores que jamais pensou existirem. Nem os remédios mais fortes ajudavam. Um barulho baixo e contínuo gritava de forma ensurdecedora, anunciando algo de errado que já não podia ser ignorado.

Fui ao otorrino, que me encaminhou ao ortopedista, que me encaminhou ao dentista. O último me explicou que eu tinha uma disfunção na ATM, um "apertamento" dos dentes, responsável pela dor que ressoava da mandíbula às outras partes do corpo

— Geralmente acontece com pessoas ansiosas — o dentista disse, e eu soltei um suspiro irônico. — Feche a boca — ele pediu. Atendi. — Você percebe que seus dentes de cima estão encostando nos de baixo? Isso te causa dor. Você precisa deixá-los relaxados, separados, com a língua descansando no céu da boca.

Fiquei um pouco chocada por não saber como fechar a boca corretamente, mas tudo fez bastante sentido. Por muito tempo, cravei os dentes na dor e travei a mandíbula para impedir que ela escapasse das minhas entranhas. Fiz exames que mostraram que tenho protrusões de disco na cervical, novas palavras que dão nome a velhas aflições. No meu caso, a dor irradia até os pés. Tentei usar aparelho, placas para dormir, fisioterapia, mas, nos momentos de tensão, não há artifício que me traga conforto.

Não posso dizer que o diagnóstico chegou tarde demais. Mesmo que o cérebro demore para aprender algo novo depois que crescemos, ele acaba se adaptando — do mesmo jeito que a gente se adequa à dor. Mas conviver com dor é difícil. Ela atrapalha o pensar, o falar e o viver. É uma nuvem de neblina que confunde e nos leva para longe dos dias ensolarados.

Hoje, a dor é objeto de obsessão: *estou assim por algum problema mecânico, simples de ser ajustado, ou existe algo de errado na minha vida que estou deixando passar? O que não estou enxergando? O que estou guardando?* Ironicamente, a dor causada pela ansiedade é o que mais me deixa ansiosa. É como se eu fosse a minha maior inimiga, que esconde fatos como um mecanismo de defesa antigo e muito bem executado.

Acreditamos que precisamos "aguentar a dor" porque o incômodo do outro nos incomoda. Ignoramos as reclamações alheias para não pensar nas nossas próprias. Existe dor no corpo que vem do acaso, e não temos muito o que fazer a não ser tentar curá-la. Mas também existe a dor no corpo que vem da dor no coração. Essa precisa ser vista, validada e cuidada. *Dor não é para ser engolida, cérebro* — repito, tentando registrar e, dessa vez, acreditar no que digo.

A morte

É ela, sem dúvida, minha maior inimiga. Eu a odeio com todas as forças, porque realmente gosto da vida e abomino o fato de que todos vamos perdê-la. Que desperdício! Por que existe vida se todos vamos morrer? Qual é o ponto disso tudo?

Quando descobri a morte, ainda criança, chorava no escuro até adormecer, sempre aterrorizada. Hoje não choro mais, pelo menos não com tanta frequência. Só que a morte está sempre me visitando, me relembrando de sua existência. Sorrateira, ela faz isso em momentos aleatórios: ao abrir a geladeira e me lembrar de que um dia não abrirei mais uma geladeira, pois não existirei mais. Ou ao passar um creme no rosto e ver minha pele tão corada e bonita, e pensar que ela vai apodrecer debaixo da terra, ser tomada por uma textura fina e grudenta, até que buracos serão feitos pelos vermes que habitam os corpos. Cenas coloridas do cotidiano perdem o brilho e se tornam imagens pálidas e sombrias.

Toda vez que recebo esses lampejos, meu coração aperta e meu corpo se retrai por inteiro. Me deparo com uma fera faminta e não tenho pernas para correr. Antes, o medo conseguia me controlar, e essa reação durava mais tempo, às vezes horas. Hoje em dia, sou eu quem consegue desviar da fera rapidamente e seguir em frente, vivendo um dia após o outro. Não sei dizer se ficou mais fácil, mas acredito que a vida nos apresenta jeitos de lutar contra a melancolia que é conviver com a morte o tempo todo. Precisamos disso.

Antes da minha avó morrer, até oscilava entre acreditar em algumas religiões. O espiritismo era a minha preferida, pois toda vez que ia a um centro espírita, me sentia um pouco aliviada. Ao tomar um passe, tinha sensações que eu julgava sobrenaturais, como uma inexplicável vontade de rir e chorar ao mesmo tempo ou cócegas no topo da cabeça. Às vezes, quando alguém estava me dando o passe, meus olhos se fechavam, bem apertados, sem que eu pensasse em fazê-lo. Era como se existisse uma energia externa e invisível pairando no ar, a qual eu queria muito me apegar.

Só que, depois da morte dela, tudo se foi. Eu pedia, não sei a quem, para vê-la em meus sonhos, para falar com ela. Implorava que minha avó me desse sinais do suposto mundo dos espíritos, mas nada aconteceu. Foi um choque de realidade. Hoje estamos aqui, respirando, sorrindo, sofrendo. Amanhã as luzes vão se apagar e a nossa consciência vai deixar de funcionar... e o que vem depois?

Nunca fui de comparecer a enterros. Sinto um incômodo que julgo maior do que as outras pessoas sentem. São *eventos* feitos para os vivos, já que acredito que os mortos realmente não se importam. Nas poucas vezes em que fui, senti raiva, tédio e fui tomada por um turbilhão de pensamentos sobre o pouco propósito daquilo. Por que não fazer uma reunião em casa, sem um corpo, para acolher aqueles que ficaram? Tão menos mórbido e muito mais realista.

Uma vez, vi o corpo de uma amiga da minha idade sendo velado. Foi tão triste vê-la ali, tão jovem, sem vida, sem cor. Tão estranho pensar que horas antes ela estava respirando, e depois, simplesmente, não estava mais. Que cruel é ter de existir, não? Qual é o propósito de nascer para viver uma vida inteira com medo da morte?

Na minha família, muitas vezes em que minha bisavó materna é mencionada, repetimos uma curiosa história sobre sua morte.

Ela viveu até os 96 anos e sempre foi saudável, na medida do possível. No fim, adoeceu e morreu muito rápido, em poucas semanas. Ficou um curto tempo no hospital, enquanto a fraqueza tomava conta de seu corpo. No dia em que finalmente se foi, algumas horas antes, ela disse à minha tia:

— Filha, hoje vou morrer. Compre um sorvete de creme para mim, por favor.

Ela disse que sabia que ia morrer porque viu um sobrinho no quarto durante a noite e ele havia ido buscá-la. Minha tia atendeu ao pedido, como qualquer pessoa faria e, depois do sorvete, vovó pediu para descansar um pouco.

Mais tarde, do nada, abriu os olhos e gritou:

— Me levanta que eu vou morrer!

A pessoa que fazia companhia a ela levantou-a da cama e minha bisa morreu sentada, o pote de sorvete meio derretido ao lado.

Quando eu olho para trás

Não sei se estar consciente no momento da morte é melhor ou pior. Não entendo por que minha bisa não quis morrer deitada. Será que estava tentando fugir de algo? Ou talvez tentando se preparar mais dignamente para aquele momento? Será que alguém havia mesmo ido buscá-la?

No fundo, eu gostaria de acreditar que existe algo depois da morte, e essa história me traz um pouco de esperança a qual me agarrar. Uma esperança que acabo reprimindo como quem reprime algo bom demais para ser verdade.

Quando entro nesses pensamentos, seguindo a lógica de que não estamos mais conscientes na morte, o que mais me assusta são os segundos que a antecedem. Em todas as minhas divagações sobre a morte, penso sempre no medo que a pessoa deve ter sentido antes de morrer. Independentemente de quem seja, sinto uma tristeza tamanha. Mas nada se compara com o que sinto quando penso pelo que a minha avó materna passou...

Durante a pandemia, todos falavam na perda da oxigenação do pulmão, mesmo que nós, a população geral, não soubesse direito o que isso significava. Quando a minha avó pegou covid, chegou para ser examinada no hospital com o pulmão 70% comprometido. Eu não estava lá, mas mamãe me contou que, quando vovó ouviu isso, desmaiou na sala do médico. Desmaiou de *medo*, de um medo estrondoso, maior que a força dos sentidos.

Então, como viver assim? Como não sair correndo pelas ruas em desespero, avisando as pessoas que um dia elas vão morrer, sacudindo seus ombros e fazendo-as se sentirem por fora como eu me sinto por dentro?

A morte

Isso adiantaria? Se soubéssemos quando vamos morrer (ou o que acontece depois da morte), será que realmente teríamos a força ou a vontade ou a oportunidade de fazer algo diferente?

Estou fadada a viver, penso. Fadada a procurar o colorido quando tudo fica preto e branco.

Volte ao normal

— *Jägermeister. Ia-guer-mais-ter.* Parece algo pesado, meio *underground*. Será que podemos? — perguntei.

— Vamos, é só pedir no bar. É uma festa de quinze anos; claro que eles sabem que somos menores. Se estão dando é porque podemos. Não vai acontecer nada. Ó, tem que virar, é um *shot* — meu amigo respondeu, quase atropelando as palavras, mas cheio de certeza.

— Ok, só que quando a minha mãe vier me buscar, precisamos estar bem ou ela vai me matar — eu disse alguns poucos segundos antes de meu corpo começar a ficar anestesiado; primeiro a boca, depois a mente. Uma sensação nova e maravilhosa. Tudo evaporou: as brigas, a dor, o ódio, o medo. Nada mais existia, apenas a divina bênção do *não sentir*.

Horas depois, eu estava sentada em uma cadeira de plástico no que pareceu o estacionamento da festa, tentando me equilibrar. Estava rodeada por desconhecidos que perguntavam se eu estava bem. Não sei o que aconteceu, não sei como fui parar ali. Do nada, minha visão começou a clarear como quem acordava pela manhã de um sono muito pesado.

Volte ao normal

— Sua mãe tá ligando. Você precisa voltar ao normal — finalmente vi meu amigo, com uma voz um pouco desesperada e o rosto meio embaçado: a boca separada dos olhos e do nariz, como uma pintura cubista.

— Normal? Eu não quero voltar ao normal — ri.

Acordei na minha cama com os cabelos úmidos cheirando a xampu. Finos raios de sol, que vinham das frestas da persiana, esquentavam o meu rosto. Estava vestida com meu pijama rosa de bolinhas amarelas e sentia um gosto doce na boca. Levantei-me com dificuldade e fui até o quarto da minha mãe, que estava deitada na cama, lendo uma revista. Levantou os olhos e disse, secamente:

— Você perdeu o celular, seu pai vai te matar. Você tem sorte de ele estar viajando.

Eu não me lembrava de nada, absolutamente nada, mas não quis falar isso para ela; senti que podia piorar tudo.

— Tive que te levar ao hospital para tomar glicose. Que papelão, hein? O que o médico deve ter pensado... — ela começou a dizer, e eu parei de escutar.

Hospital? Minha última memória era a da cadeira de plástico. Até hoje, busco essas cenas ocultas e elas não existem. Com a mesma facilidade do *shot*, desapareceram.

Meu pai chegou de viagem irado. Aos gritos, arremessou no chão o próprio celular, que se partiu em pedaços. Parecia um animal tentando se controlar, e eu me sentia um filhote encurralado, os músculos contraídos, abraçada aos meus joelhos, o corpo tomado de terror. Ele não me bateu, e eu percebi que fez uma força extraordinária para isso.

No dia seguinte, na escola, estava na arquibancada na hora do recreio e ouvi um menino me chamando.

— Oi, pé de cana! Bora tomar uma depois da aula?

Minha vontade era de sumir do mapa, mudar de cidade, nunca mais aparecer naquela escola maldita.

— O que aconteceu? — eu perguntei ao meu amigo.

— Você não se lembra? Do nada, você caiu, parecia um boneco de pano, não conseguia ficar de pé!

Não, eu não me lembro disso. Mas lembro que o trauma durou um ano. Por esse tempo, tomada pela vergonha, não coloquei mais nenhuma gota de álcool na boca, mesmo indo a festas de quinze anos que tinham bebida liberada para qualquer convidado. Queria desesperadamente provar para todo mundo que eu não era um fracasso completo.

No entanto, aos dezesseis, descobrimos um colega da escola que vendia identidades falsas por cinquenta reais. Ele escaneava nossos documentos e alterava toscamente a data de nascimento com Photoshop. Assim, conseguíamos entrar em todas as baladas da cidade.

Virávamos *shots* de tequila, pois eram mais baratos e ficávamos bêbados mais rápido. A minha maior meta era aprender a disfarçar para os meus pais. Não queria ser objeto de decepção da família mais uma vez. Mas eu não era mais aquela menina burra de quinze anos. Agora, sempre que ia a alguma festa, falava para a minha mãe que dormiria na casa de uma amiga, para que pudéssemos estudar até tarde. A mãe da amiga não ligava se saíssemos para a balada, contanto que estivéssemos em casa às duas da manhã. Por mim, tudo bem.

Às vezes, assaltávamos o bar dos pais de outra amiga no meio da tarde. Bebíamos um pouquinho de cada bebida e colocávamos água nas garrafas para cobrir nossos rastros. Encontrávamos vizinhos dessa amiga em um beco perto da casa e beijávamos bocas que fediam cigarro.

— Quero um trago — ordenei um dia. Cigarro e álcool: uma dupla perfeita.

— Então coma essa bala para que ninguém te pegue.

Depois de dominar a arte de esconder essa vida dos meus pais, todos os momentos regados a bebida e cigarro eram aguardados ansiosamente. Precisava daquelas sensações. Necessitava sentir minha cabeça parar, os pensamentos obsessivos sumirem. A anestesia, o não sentir, o alívio. Os *blackouts* tornaram-se frequentes, mas, contanto que eu fosse discreta, estava tudo bem.

Na faculdade, fui morar sozinha. Pronto, estava livre. As festas nunca acabavam. Eu bebia e, além do *não sentir*, recebia um bônus: doses extras de coragem. Ao mesmo tempo que não sentia nada, ficava eufórica, baixava a guarda. Estava mais à vontade para conversar com caras que antes eu considerava fora do meu alcance. Bebia duas, três, quatro vezes por semana. E era aceitável, pois éramos jovens, tínhamos o dever de beber todo o álcool do mundo, não?

Mesmo bebendo a mesma quantidade que minhas amigas, eu apagava e elas não, e fazia isso mesmo não tendo trinta reais para pagar em uma caipirinha. Aceitava bebida de estranhos e dizia que estava tudo bem. *Nada de mal vai me acontecer.* Só que coisas más aconteceram. *Como vim parar nessa cama? Como vim parar nesse lugar?* No dia seguinte, a vergonha voltava em dobro, e a coragem de me impor ou exigir explicações evaporava com o suor.

Eu me formei e arrumei um emprego que me deixava estressada e ansiosa. *Preciso beber*, pensava ao terminar o expediente. A sede já instalada dentro de mim. Saíamos da editora e íamos direto para o bar. À noite, a vida começava. Ninguém julgava ninguém; era o óbvio, o certo a se fazer. As lacunas na memória eram incômodas, só que o *não sentir* e o sentir tudo valiam a pena. Andávamos bêbados pelo centro da cidade, acompanhados de moradores de ruas e assaltantes. Íamos ao samba regado a cerveja. Discutíamos sobre política nos botecos fuleiros. Dividíamos cigarro com desconhecidos.

Nós éramos invencíveis. Tínhamos certeza disso.

Vez ou outra, gostava de beber sozinha em casa, não queria a companhia de ninguém. Ouvia músicas pop e dançava na sala até me desfazer na cama. A inebriação que tomava conta do meu corpo permitia um descolamento de mim mesma. Melhor ainda quando eu estava mais ansiosa do que de costume, a ponto de arrancar minhas cutículas com os dentes, arranhar os cantos dos dedos até sangrar, travar os dentes e sentir dores paralisantes no pescoço.

Desde sempre foi assim: depois do primeiro gole, meus músculos relaxam, e o alívio é imediato. Mas a vergonha do dia seguinte, que também nasceu no primeiro gole, aumentou com o passar dos anos.

Comecei a fazer terapia, porém demorou um tempo para eu conseguir falar sobre o assunto. Não é fácil falar sobre bebida, o medo paralisante do julgamento ao redor. Quando finalmente tive coragem de abordar o álcool e os apagões de um jeito mais aberto, a psicóloga me deu um parecer.

— É seu escape. Você precisa encontrar algo para substituir isso.

Fiz tanta força para falar sobre isso e recebi uma resposta tão genérica.

— É a única maneira que consigo me desconectar, me desligar. Não sei fazer de outro jeito. Preciso não sentir nada de vez em quando, ou então vou explodir como uma panela de pressão. É isso que sou: uma panela de pressão.

Na gravidez, beber não foi uma alternativa para mim, nem na amamentação. *Não posso destruir outro ser; apenas eu mesma.* Pela primeira vez, em quase décadas, fiquei sóbria. Não senti falta da bebida, pois estava preocupada com a vida daquele bebê, que não tinha nada a ver com os meus problemas.

Depois de seis meses amamentando, cheguei ao limite. No dia em que desmamei meu filho, saí com amigos, fumei uma carteira de cigarros e bebi como se não houvesse amanhã. E a luz se apagou novamente. Paguei um preço alto na manhã seguinte — dormi às três horas e tive que atender um bebê que chorava às seis da manhã. Ali, pensei que estava presa, desconfortável naquele papel. O que me fez querer mais ainda o *não sentir*.

Conforme aquele bebê cresceu, tive que lidar com novas questões, bem mais difíceis do que imaginava, como o cansaço extremo. De alguma forma, entre beber e ser mãe, meu corpo começou a não diferenciar esses dois estados: a ressaca e a privação de sono materno. Quando bebia, a ressaca começava a me trazer lembranças dos primeiros meses do bebê, em que dormir não era uma opção. A ansiedade ganhou mais camadas.

Além disso, eu tinha que lidar com outra novidade: aparentemente, uma boa mãe não está autorizada a beber muito, ir a baladas, sair com os amigos para botecos fuleiros. Sim, mesmo que essa mãe tenha combinado com Deus e o mundo (pai, babá, avós) toda a logística de uma noite fora de casa, não era permitido. Em uma época em que o que eu mais precisava era o *não sentir*, essa ferramenta se tornou fora de alcance.

Sua mãe está vindo. Volte ao normal, penso muito nessa frase. Só que o meu *voltar ao normal* é voltar para uma ebulição de ansiedade, vergonha e culpa. Voltar para pensamentos obsessivos e repetitivos. É ouvir uma música ruim no *repeat*, dentro da minha cabeça, por horas e horas.

A necessidade de esvaziar a mente, de anestesiar o corpo, é quase intrínseca. O apagão é um botão de *reset* do mal, é reiniciar uma máquina que está dando defeito para ver se ela volta a funcionar bem.

É deixar de existir, já que nem eu estou consciente da minha existência.

É morrer apenas por algumas horas e depois voltar.

História de amor

Minha vida amorosa na adolescência não foi como nos filmes, como nos livros, como nos meus sonhos.

Não conheci ninguém no corredor da escola, depois de nos trombarmos e ele me ajudar a recolher os livros que deixei cair. Não me sentei ao lado de alguém especial na aula de ciências. Não fui tirada para dançar nas festas. Não fiquei horas no telefone falando com quem não saía da minha cabeça. Não beijei um garoto incrível na chuva. Não perdi a virgindade numa cabana com uma lareira ao fundo.

Existiam dois tipos pelos quais eu me interessava, eram como personagens perfeitos para as minhas fantasias: o galã lindo de morrer, que jamais me daria bola porque existiam outras meninas lindas de morrer na escola; ou o tímido esquisito, de quem eu gostava secretamente e nunca contaria para as minhas amigas com medo de ser julgada. Ah, mas como eu amava sonhar acordada com esses romances.

O curso dessas histórias nunca seguiu o roteiro que eu imaginava, não houve um final feliz no qual fazem garotas acreditarem. Na época, não vivi nada significativo, não namorei ninguém e apenas fiquei com caras aleatórios, só porque eles estavam ali.

Aos catorze, beijei um cara qualquer embaixo de uma árvore na hora do recreio, só porque eu era a única da turma que ainda não tinha beijado ninguém. Ele se chamava Jorge, estava chupando uma bala de maçã-verde e eu não sentia a mínima atração por ele. Na verdade, mal o conhecia. Apenas combinamos, por intermédio de amigos, de nos encontrar às dez da manhã em um lugar discreto.

Lá estava ele... e nos beijamos. Senti sua língua molhada invadir a minha boca por alguns segundos. Depois, não senti nada, a não ser estranheza. Voltamos para a sala de aula e nunca mais nos falamos. Até hoje, não suporto o cheiro de bala de maçã-verde.

Aos dezessete, depois de uns amassos com um garoto da aula de inglês em seu carro, impulsivamente perdi minha virgindade, no banco de trás, num estacionamento aleatório, às três da tarde de uma terça-feira. Ele nunca soube que eu era virgem.

Mais uma vez, bem diferente dos romances ficcionais. Mais uma vez, zero especial.

Nessas horas eu não me compreendia. Sentia a história que tanto habitava meus sonhos escorregando pelas minhas mãos. O tempo estava passando, não haveria mais *primeiras vezes* para realizar um conto de fadas. Essa não vivência adicionou cada vez mais decepção a um dia a dia em que a minha referência de casamento era de duas pessoas que nunca haviam se beijado ou sequer se abraçado na minha frente.

Depois de perder a virgindade, o sexo perdeu valor para mim. Quando encontrava alguém interessante fisicamente em alguma festa, bebia para me soltar e ia para a casa dele. Não era especial. Não era o que eu sonhava. O sexo significativo ficava apenas no campo da imaginação.

Um dia, me apaixonei pelo cara errado, que sempre deixou claro que não queria algo sério. Nessa época, havia também outro garoto, que me tratava bem e dizia o quanto eu era especial. Não quis nada com o segundo cara, porque achava que, no fim, o amor venceria e o primeiro perceberia o quanto estava sendo tolo ao me perder.

Como em alguns roteiros de filmes, depois de um tempo, mudei a narrativa: até que o segundo garoto era legal, bonitinho, inteligente, poderia tentar gostar dele, poderia ser feliz com ele. Eu me arrumei por semanas para que ele voltasse a me notar, passei um tempo planejando como iria contar a ele que estava interessada, escolhi a blusinha perfeita para chamar sua atenção. Seria infalível, eu tinha certeza. Esse poderia ser o final de um livro de amor juvenil, uma reviravolta interessante quando o cara bonzinho sempre foi, de fato, o cara ideal.

Mas eu não contava que ele conheceria outra garota entre o dia que eu escolhi a blusa perfeita e o nosso próximo encontro. Vi os dois conversando no intervalo das aulas e tive pressa. Planejei uma espécie de declaração ousada e revelei que gostava dele no aniversário de um de nossos colegas. Mesmo assim, perdi a corrida: eles já estavam se relacionando.

Depois do fora, aceitei que as histórias bonitas não eram para mim. *Que tola eu sou por ainda acreditar nas bobagens ficcionais.* Voltei ao meu cantinho de melancolia.

Quando eu olho para trás

Era melhor continuar sofrendo por quem não me queria, porque sofrer já me era mais familiar do que viver a sensação do ter e perder.

Hoje, digo aos meus amigos que existe uma garota de dezesseis anos dentro de mim. É o que explica minha obsessão persistente por filmes e livros para adolescentes. Porque eu ainda consigo viver um pouco através deles. Consigo sentir aquela emoção de deslumbramento e a explosão quando a protagonista beija o primeiro amor... Uma emoção nunca experimentada na vida real.

Ao mesmo tempo, me dói olhar para trás e saber que a minha versão de dezesseis anos não viveu o romance que merecia ter vivido, um amor que fosse um respiro diante de tanta rejeição, angústia e dor.

Por que não eu?

"Você nunca vai ser minha mulher, mas vai ser minha amante", ele me disse um dia, enquanto dilacerava meu coração e reduzia minha existência a um amargor que sinto na boca até hoje. Meu primeiro amor, uma paixão juvenil que durou tempo demais. Anos de lágrimas, rejeição e, ainda assim, esperanças. Uma história que começou com uma menina sonhando com seu príncipe e terminou com uma autorização para que ela fosse diminuída, para que se sentisse indigna, sem valor. A sombra daquela dor ainda existe, a de não ter sido o suficiente.

Na adolescência, ele era o garoto alto, moreno e bonito da escola. Virou um homem indecifrável, que desaparecia e voltava sempre da mesma forma: sem explicações. Deixei ele passar ileso todas as vezes que me abandonou, pois me diziam que uma mulher que cobra demais acaba sozinha. Seu silêncio sempre foi desculpado. Eu que era a culpada por ir atrás dele. Ele sempre dizia que não estava pronto para um relacionamento sério, mesmo que meses depois aparecesse com uma namorada. Eu ia atrás, me iludia, criava fantasias sobre nós. Fui uma romântica tola e incurável que alimentou algo platônico com migalhas de realidade.

Migalhas? Aceitei todas elas, as guardei com carinho. Logo, culpa minha.

Quando alguém diferente surgia na minha vida, eu comparava os sentimentos. O que eu sentia pelo forasteiro e o que sentia por ele. No fim, ele sempre ganhava. Afinal de contas, aprendi com os filmes que vale a pena lutar pelo primeiro amor. A lista de comparações se perdeu no tempo, mas eram argumentos fracos e vazios. Justificativas que eu usava para me convencer de que, se fosse paciente, ele mudaria de ideia, ele me amaria de volta.

Um dia, ele não ganhou mais a batalha das comparações. E eu dei espaço a novos amores. Mesmo assim, quando penso nele, aquele sentimento de ser pequena, sem valor, desinteressante volta a me assombrar, mesmo que por pouco tempo. Assim, resgato a pergunta, que provavelmente vai permanecer sem resposta, do passado ao futuro: *por que não eu?*

Por que, durante todo esse tempo, ele não me quis? O meu corpo não era bonito o bastante? Eu não vinha de uma família rica? Não era legal? Meu cabelo não era liso? Sempre me demorei nessas suposições, sem nunca chegar a algum lugar.

Na infância, uma de minhas atividades preferidas era inventar histórias secretas. Muitas vezes, eu só queria que o dia acabasse para me enfiar embaixo do lençol e deixar a imaginação voar livre, criando tramas com diálogos, cenários e até figurinos perfeitos.

Minha família descobriria a herança de um tio perdido e nossos problemas acabariam. Moraríamos em uma mansão com um lindo jardim, nos reuniríamos todas as noites em uma grande mesa de jantar. Ou então o meu pai receberia uma oferta de emprego em uma cidade grande, se tornaria um homem importante e teríamos a chance de recomeçar.

Conforme me interessei por garotos, as histórias acompanharam o ritmo. Um extraterrestre do futuro chegaria à minha cidade e se revelaria um jovem humano, lindo, confuso e melancólico. Estava ferido e seria salvo pelo nosso amor. No fim, me levaria para outra dimensão e viveríamos como rei e rainha. Ou então o cantor de uma *boy band* se perderia na estrada próxima a minha casa e me pediria abrigo. Com certeza, se apaixonaria por mim e me convidaria para uma viagem cheia de aventuras.

Sempre que precisei ser resgatada do mundo real, as histórias secretas me salvaram. Era melhor deixar as coisas no campo dos sonhos, onde nada poderia me ferir. Querer algo inalcançável não me machucaria mais do que a realidade. A dor do que existia sempre foi mais forte.

Quando não pude mais me perder no devaneio, tive de encarar a realidade. Existe uma parte da mente que anseia pelo controle, que precisa estar certa mesmo que a resposta seja ruim. *Por que passar tanto tempo gostando de alguém que não me corresponde?*

A resposta era simples e satisfatória: *estou segura na rejeição porque conheço esse lugar* ou até *Viu só? Não sou digna do amor do outro. Estava certa o tempo todo.*

Meu primeiro amor me permitiu morar na fantasia e, ao mesmo tempo, me levou ao conforto da tristeza, minha velha conhecida. Dois territórios opostos que me traziam seguranças semelhantes.

Parei de aceitar as migalhas no dia em que fui nomeada amante. Esse foi o momento que a protagonista caiu na real e percebeu que seu final feliz não estaria naquele capítulo, ou nem mesmo naquele livro.

As histórias secretas me levaram até certo ponto da vida, mas o problema é que desembocaram numa rua sem saída, me designando um espaço-tempo entre o viver e o não viver, o existir e o não existir. Assim como precisei deixar o primeiro amor no passado, tive que abrir mão também da imaginação. Passei a me dedicar a construir uma realidade boa o suficiente, uma na qual a fantasia tivesse menos protagonismo.

Hoje sinto uma secura ao tentar sonhar acordada. Parece que quando invento novas histórias secretas, preciso trazer verossimilhança a tudo, alçando voos cada vez mais baixos nesse universo sem chão.

Talvez eu tenha me convencido de que agora sou uma mulher prática e realista, que não se deixa desejar o espetacular, já que ele só pertence aos outros.

Água e óleo

Desde que o meu corpo começou a mudar de forma, aprendi a odiá-lo. Comparar o tamanho dos seios, da barriga e do bumbum era o esporte preferido das adolescentes da minha turma. Aos quinze, eu já estava na academia, tentando fazer minha bunda crescer e minha barriga diminuir.

— Odeio a minha barriga — dizia para minha mãe.

— Vamos tentar diminuir o doce — ela respondia.

— E os pelos? Tenho vergonha dos meus pelos!

— Vamos na depiladora, então; já está na hora.

— Meus peitos são muito pequenos...

— Sim, talvez ficassem mais bonitos com silicone.

O silicone, aliás, foi implantado indiscriminadamente quando chegamos aos dezesseis anos. Várias amigas apareceram com seus novos peitos na escola, orgulhosas por sobreviverem à cirurgia e à recuperação horrenda. Eu não senti essa "vitória". Sempre morri de medo de cirurgias. Minhas pernas ficavam bambas só de pensar em uma faca cortando a minha pele.

A solução foram sutiãs com enchimento, e até um sutiã com água e óleo, que era anunciado como "o silicone que você põe de manhã e tira de noite". *Bom o bastante por enquanto, até eu ter coragem de fazer uma cirurgia.* O silicone custava caro, mas ainda bem que o cirurgião parcelava em muitas vezes. O sonho não era tão impossível assim. *Bem que posso aproveitar e já fazer uma lipo na barriga e na coxa.*

O sutiã com água e óleo fazia meus peitos suarem o dia inteiro. Gotinhas escorriam pela barriga e as costas doíam de carregar o peso. "A beleza requer sacrifícios", lia nas revistas. Sacrifícios como fazer dietas que consistem em comer apenas proteínas e passar por fortes dores de cabeça e altas doses de mau humor ao cortar o carboidrato.

— Pode comer alface e tomar água — dizia uma amiga.

— Hoje eu comi salada com salame no almoço e um chá e três fatias de muçarela no jantar. Já perdi dois quilos nesse ritmo! — dizia uma prima.

— Ah, eu não faço dietas; apenas como e durmo bem — dizia uma celebridade para a revista.

— Toda vez que tenho vontade de comer um doce, abro uma embalagem de chocolate, cheiro, e aí passa — dizia a estagiária de dezenove anos, linda de morrer.

Eu? Eu comia mal e dormia mal, pensando no quanto odiava o meu corpo.

Aos vinte anos, dividi fases em que conseguia emagrecer por alguns meses e logo engordava tudo de novo. Depois de semanas passando fome, consegui entrar numa calça 36. *Meu Deus, que sucesso!* Mas, morando sozinha em uma cidade estranha, o croissant de catupiry era um abraço quentinho na solidão, no medo e na ansiedade — e um adeus ao número 36.

Me forçava a ir mais à academia, mas não conseguia resultados. Era o combo: odiava meu corpo e odiava musculação.

Até que conheci os remédios para emagrecer, que eu misturava com muito álcool, cigarro e noites maldormidas. Tomei todos; me causavam fraqueza e dores de cabeça, mas traziam resultado.

— Não-sei-quem tomou Sibutramina e ficou completamente louca — fofocavam no trabalho. — Mas pelo menos está magra, né?

Eu tentava *tanto*. Tentava "fechar a boca e fazer exercícios" (como mandavam). Mas, num surto de ansiedade, corria até a padaria, comprava uma lata de leite condensado e uma de Nescau e fazia um brigadeiro de panela — que era devorado compulsivamente em uma sentada, em frente à TV. Minutos depois, estava deprimida, pensando nas calorias, no número da balança e na inabilidade de conseguir me controlar.

— Por que você não considera colocar silicone? Acho que assim vai arrumar um namorado — me perguntaram novamente.

Será que não consigo arrumar um namorado porque meu peito é pequeno? Mas o medo da faca cortando a minha pele ainda me assombrava mais do que não arrumar um namorado.

Covarde. Gorda. Sem peito. Fracassada. Que ódio.

Na gravidez, ao contrário do que sempre tive medo, não engordei muito. Meu corpo rejeitou veementemente os novos hormônios e me fez vomitar, no mínimo, dez vezes por dia.

— Tudo bem, querida, quando o bebê nascer você volta para a academia e emagrece — disse uma tia que me viu certa vez. Descobri naquele dia que não era uma grávida bonita. Eu nem achava que estava tão gorda assim, só sabia que meus braços estavam mais cheinhos.

Depois de um ano de pandemia, meu filho com dois anos e todos nós em isolamento, engordei tanto que meu peso estava igual ao de quando eu tinha um bebê de nove meses na barriga. Estava inchada, flácida, com braços gordos e papada.

— Esse é o peso máximo que você pode ter — avisaram-me. — Não dá pra passar disso.

Se não o quê? Que ódio. Fracassada.

Quando cheguei a mais um limite, surgiu o Ozempic. Tive medo, mas estava desesperada. Algumas agulhadas e emagreci rápido, entrei no número 38. Muita ânsia de vômito, cansaço e até um pouco de depressão. Toda semana, logo após a aplicação, achava que tinha pegado uma virose, de tão mal que ficava. Meu corpo doía, não tinha energia nem para sair da cama. Mas olhava para a comida e não sentia nada, um grande vazio.

Não consegui passar de dois meses, pedi arrego. *Não sou forte o bastante.* A falta de energia estava me impedindo de cuidar do meu filho, de trabalhar, de sair de casa. Voltei para o peso anterior em três ou quatro meses, com uns quilos a mais.

Odiar o próprio corpo é cruel, injusto e cansativo. Odiar o próprio corpo requer uma energia imensa, que poderia ser depositada em outra coisa, qualquer coisa. Mesmo sabendo de tudo isso — do patriarcado, do machismo, das mentiras que as famosas contam, da pressão estética que sofremos

Água e óleo

desde crianças —, mesmo sabendo que odiar meu corpo é uma tortura — isso sem entrar no mérito de que ele gerou e amamentou uma criança —, mesmo assim, eu ainda odeio meu corpo.

Tempos atrás, fui a um casamento no campo. Estávamos entre amigos, em um lugar deslumbrante no meio da natureza. Semanas antes, comecei a ficar preocupada com a roupa que usaria, pois achava que estava muito acima do peso e me sentia bem incomodada com a minha aparência, como de costume. Escolhi um vestido modelo frente única, convencida pelas vendedoras de que eu estava bonita com ele. Chegando na cidade, enquanto me arrumava para ir à festa, já longe do meu guarda-roupa, entrei em pânico. *Meus braços nunca foram tão gordos. Como aquelas vendedoras me enganaram?*

Fiquei obcecada com o que os outros poderiam estar pensando secretamente sobre mim, a madrinha gorda que não teve bom senso e usou um vestido decotado. Pensava nas fotos que postariam nas redes sociais, sem o meu aval, mostrando ao mundo o quão feia eu estava. Senti uma vergonha estrondosa. Não consegui tirar esse ruído da cabeça nem para aproveitar plenamente o casamento de uma das minhas melhores amigas.

Sinto que não sou capaz de me livrar dessa insatisfação — e isso dói bastante. Sigo desprezando o meu corpo, mesmo sabendo que não deveria. Sigo perdendo dias, semanas, meses assombrada pelo que fui treinada a fazer: me olhar no espelho e enxergar uma mulher que nunca vai ser boa o suficiente.

Silêncio

Existe uma voz que mora em minha cabeça e me diz uma pequena e tão potente frase:

— Não exista.

Às vezes ela fala; outras, grita.

Ouvi em algumas ocasiões que, antes de conhecer o meu pai, minha mãe namorava um cara muito melhor que ele. Educado, bonito, rico.

— Ele, sim, foi o amor da minha vida — ela dizia.

Mas aí ela engravidou de mim e eu existi. Sem querer, sem pedir, entrei na equação de duas pessoas que se odiavam.

Se eu não existisse, eles não brigariam, não se machucariam, não me machucariam. Se eu não existisse, ela teria um casamento melhor, seria mais feliz. Se eu não existisse, ele poderia ter conhecido alguém que o aceitasse, alguém que gostasse de sua família e não reclamasse da sua incapacidade de ficar rico, a voz interna reforça.

Você não tem peito, parece uma tábua.

Não consegue pegar uma bola, não é boa em nenhum esporte. É muito preguiçosa.

Sua barriga tá gordinha. Talvez, se você emagrecesse, ele se apaixonasse por você.

Setenta quilos? Olha o tamanho que você foi ficar.

Silêncio

Coma todo o prato, você está muito magra. Tome Sustagen e Biotônico, está parecendo doente.

Não coma nada, está engordando.

Esse biquíni não caiu bem em você.

Você não sabe nem beber. Não tem limites!

Beba um pouquinho pra ser menos travada, vai.

Prenda o cabelo. Está sem forma, armado e ressecado.

Depile essas pernas peludas.

Ele prefere outra. Todos, no fim, preferem outras. Você não entende?

Ninguém quer ficar com você.

Suas crises de ansiedade dão trabalho para os outros.

Você não escreve bem, não é uma boa jornalista.

Não vê que sonha muito alto? Até parece que vai conseguir ser uma escritora; isso não é pra você.

Incompetente, não aguenta o tranco, é mole demais.

Por que você teima em existir?

Não e-xis-ta!

Na verdade, é melhor desaparecer daqui. Você está incomodando, atrapalhando.

Não exista.

A voz interna se mistura com tantas outras vozes que já me falaram a mesma coisa, mesmo que com palavras diferentes. Sempre deixando claro que eu atrapalho apenas por estar aqui, apenas por ser eu.

Não é fácil derrotar essa voz. Ela nasceu pequena e cresceu comigo, conquistando territórios estratégicos em minha mente, de uma forma definitiva e dolorosa. Ela mora em espaços complexos, se esconde na escuridão, em buracos do meu corpo difíceis de serem acessados.

75

Mas eu tento.

Exista, quero responder. Quero gritar mais alto: *EXISTA*.

Mesmo com uma infância injusta, você ainda tem forças para processar o passado, descobrir seus gatilhos e cuidar da sua saúde, tento responder.

Você luta para colocar limites nos relacionamentos. Você se cuida, se trata, quer melhorar, repito.

EXISTA, grito.

Sua beleza é única, por mais que você esqueça de enxergá- -la. Ela é real.

Exista sabendo que os homens que não te deram valor realmente não eram para você.

Solte seu cabelo, pare de alisá-lo, pare de prendê-lo ou escondê-lo.

Mostre suas crises de ansiedade, normalize-as, fale sobre elas. Disseque-as, saiba por que acontecem, o que causam no seu corpo e o que podem te ensinar.

Saiba que você pode sobreviver depois das crises. Não pode controlar quando elas chegam, mas pode dominar a situação.

A culpa não é sua nem de ninguém.

Exista.

Independentemente da balança, ame o seu corpo. Esse mesmo, que carregou um bebê lindo e saudável.

Mostre a pele, descubra-a. Tire a saída de banho. Ande de biquíni na praia sem encolher a barriga.

Você escreve e a sua escrita é sua. Você é boa o bastante; lembre-se da sua história.

Trabalhou em lugares que sonhou, liderou, fez entrevistas importantes, foi reconhecida por quem importava.

Silêncio

Teve a coragem de dizer não e dar um basta quando tudo deixou de fazer sentido.

Você descobriu e continua descobrindo a si mesma.

Começou a praticar um esporte diferente com quase quarenta anos. E até ganhou umas partidas do professor.

Entendeu a sua relação com a bebida, quando deixou de ser divertido e passou a ser um escape nocivo.

Exista porque o seu filho te espera, aquele sorriso te espera.

Se enxergue, sinta seu corpo, observe sua mente. Fale sobre suas falhas sem vergonha; você não tem que se esconder.

Exista.

Depois de tantos anos e pensamentos destrutivos, tento hoje me agarrar à precedência. É ela que me faz enxergar com clareza. Que me dá força para duelar contra a voz sempre que acordo, sempre que me olho no espelho, que escrevo, que me arrisco, que tenho medo. A precedência é construída aos poucos e mostra fatos. Por que uma voz interna, confusa e traiçoeira vai ganhar de fatos? Existem apostas que deram errado, sim. Mas existem as que deram certo. Escolho me apegar às últimas e repetir: Exista.

Mesmo assim, é dolorido saber que essa voz vem de mim, que essa voz sou eu tentando me destruir repetidamente. Num mundo onde nós, mulheres, somos feitas para nos odiar, por que reforçar isso? Por que sermos o próprio inimigo?

Melhor nos lembrarmos de existir, de incomodar, de atrapalhar, de fazer barulho, de descobrir, de ser, de nos mostrar, de sermos vistas e ouvidas, de sorrir, de nos orgulhar. Melhor do que tudo é lembrar que nós podemos matar essa voz da nossa cabeça que fala o contrário. Que ela não tem o poder de nos silenciar.

Fator de proteção 90

— A irmã do seu pai tem vitiligo, cuidado — minha mãe me avisou quando surgiu uma manchinha branca no meu ombro esquerdo, como se eu pudesse fazer algo para mudar a predisposição a doenças de pele.

Aquilo parecia terrível. *E se ela começar a crescer e conquistar mais espaço?*

Fomos a vários médicos que, quando ouviam sobre o vitiligo, faziam careta e diziam para ficarmos atentas. Outros informaram que dava para tirar a mancha com uma pequena cirurgia, mas ficaria uma cicatriz no lugar. Como mamãe sabia do meu medo de cirurgias, não insistiu no assunto.

Ela vivia trazendo as possíveis doenças que a família do meu pai carregava, como se meus genes estivessem danificados por esses ancestrais. "Não-sei-quem é obeso, fulano tem doença mental, o outro é alcoólatra."

Minha pele sempre foi mais escura que a da minha família materna; de um marrom médio, eu diria. Isso me incomodava a ponto de eu sentir que tinha que me esconder dos outros, não me destacar, não ser diferente, ser invisível. As "piadas" de que fui achada na lata de lixo ou que tinha o "pé na cozinha" foram normalizadas, e eu ria, fingindo que não ligava. Uma vez, ouvi de fontes não muito confiáveis que Michael Jackson embranqueceu com uma cirurgia capaz de transformar as pessoas escuras em mais claras. Pensei, sem nunca falar em voz alta, que talvez um dia eu pudesse clarear minha pele também.

Quando tomava sol, ficava bem mais escura. Então passei a evitá-lo; o que era difícil, pois morava em uma das cidades mais quentes do país. Na adolescência, ainda bem, esqueci o medo do sol quando conheci a praia e me apaixonei instantaneamente. O horizonte infinito fazia a minha mente se acalmar, e eu deixava as paranoias para o lado. O mar ainda me causa esse efeito.

De tanto tomar sol, acabei voltando da minha primeira ida à praia com uma mancha clara e enorme no peito. *Deve ser vitiligo*, pensei desesperada. Então lá fomos nós à dermatologista. Fiz biópsia, passei por exames, e não me lembro do diagnóstico, mas não era vitiligo. Sei que, depois de a mancha branca aparecer, comecei a usar protetor fator 90 no corpo inteiro. E voltei a me esconder sob o guarda-sol.

Na escola, aprendi que a pele é formada por algumas camadas — e foi na mais profunda que me foi plantada a vergonha de seu tom, suas manchas e seu aspecto. Nesse jardim de ervas daninhas, também foi semeado um medo distorcido de uma doença com a qual se pode conviver sem constrangimento algum, que traz muita beleza em si.

Quando me mudei para São Paulo, com o clima mais ameno, minha pele clareou consideravelmente, mas isso me passou despercebido. Até o dia em que voltei de férias para a minha cidade e encontrei uma professora de inglês no shopping. Ela disse que quase não me reconheceu, porque antes eu era *darker*. Me espantei com aquele comentário, seguido de um olhar distante, como se ela estivesse escaneando a própria memória para se lembrar daquela menina magrela, mais escura, que tinha se transformado em uma adulta mais clara. *Será que a minha pele tinha esticado e, com isso, perdido um pouco de cor?*

Na faculdade, meus colegas raramente comentavam sobre a aparência um do outro, como se houvesse um pacto para que todos fôssemos deixados em paz depois dos anos cruéis do ensino médio. Nessa época, me senti mais ou menos bonita, mesmo com todos os meus "problemas" de pele. Na verdade, a pele passou a ter uma nova serventia, independentemente da cor. Ela serviu para ser acariciada por mãos famintas, ter os pelos arrepiados por sussurros, sentir novas sensações em lugares impensáveis. De repente, já não importava mais as manchas ou o tom.

Porém não tive tanto descanso assim. Um dia, um cara me disse que meus pelos da perna estavam muito compridos. E pronto: minha paz havia acabado. *Nunca teremos descanso, pele.*

Meu filho nasceu bem claro, mas hoje, quando toma sol, fica moreno como eu. Uma cor absurdamente linda. Da última vez que fomos à praia, ele também ganhou uma manchinha branca na bochecha. Fomos ao dermatologista e a consulta durou dez minutos.

— Pitiríase alba, não é nada de mais — disse o médico, tranquilo.

Geralmente aparece em pessoas alérgicas, mas meu filho não tem nenhuma alergia conhecida, nem eu. Mostrei

Fator de proteção 90

a mancha branca em meu peito para o dermatologista e ele me disse que também se tratava da tal da pitiríase alba.

— Isso é bem simples. O tratamento é só hidratar e usar protetor solar.

Esse foi o primeiro médico que me tranquilizou sobre minha pele. Não devia ter demorado tanto tempo. Levei quase quarenta anos para olhar a minha pele sem sentir preocupação ou decepção, apesar de ainda não ter criado coragem de parar de arrancar meus pelos.

Nos momentos com meu filho, cheiro e acaricio sua pele e me sinto extasiada. Às vezes, penso que a pele dele é extensão da minha; afinal, foi fabricada dentro de mim. Aquela pele é a minha pele. Então, como ter vergonha de algo tão especial? Como pensar que, mesmo com pequenos defeitos e tons diferentes, ela pode ser errada ou ruim? Como ter medo, em vez de orgulho?

Tardes de lazer

Quando queria levantar meu ânimo, mamãe me convidava para tardes de lazer, programa inventado por ela, que consistia em uma tarde inteira em algum shopping da cidade. Ela sempre falava com os olhos brilhando e eu respondia um "eba!" à altura, com gritinhos de felicidade.

O cartão de mamãe vivia com o limite estourado, e o talão de cheques estava sempre nas últimas folhas. Ela dava um jeito, ficava amiga das donas das lojas, fazia cheques pré-datados, parcelava o máximo de vezes possível, chorava por descontos. Cresci testemunhando essas cenas, normalizadas por anos demais.

Pulávamos de loja em loja para experimentar novas roupas e sapatos. Era cansativo e, ao mesmo tempo, maravilhoso. Não ficávamos com todas as peças de que gostávamos, nem perto disso. Nosso orçamento nos permitia comprar apenas uma ou duas. Se não fosse pelo dinheiro, levaríamos o shopping inteiro, brincávamos.

Segundo a tradição, as tardes de lazer terminavam em uma doceria. Em nosso ritual, mamãe pedia um café com chantili e eu, um chocolate quente. Quando tive idade o bastante para pedir o mesmo café, fiquei radiante.

Com o tempo, eu passei a ser fascinada por revistas de moda. Devorava cada legenda, entrevista e reportagem incansavelmente. Dobrava as orelhas das páginas com as roupas de que mais gostava, fazia *moodboards* com recortes e os pregava nas paredes do quarto com fita adesiva. Minha coleção de revistas cresceu e elas não me traziam apenas roupas, mas cenas que eram analisadas à exaustão e que me transportavam para lugares distantes e melhores...

Em uma praia paradisíaca, duas modelos esbeltas com cabelos úmidos, loiros e iluminados usam maiô e biquíni brancos. Corpos magros e bronzeados salpicados com areia, o sorriso do tipo Colgate e a maquiagem reluzente. Elas parecem estar se divertindo: *são amigas que resolveram fazer uma viagem juntas para celebrar a vida*, eu inventava na minha cabeça.

Outra página, outra modelo magra e alta, essa cruzando a rua movimentada de uma cidade grande, a bordo de um vestido Pucci estampado e esvoaçante, sandálias com tiras finas rosa-pink, um conjunto de colar e brincos de pedras azul-turquesa. O cabelo lisíssimo e a maquiagem alegre. *Aposto que ela está atrasada para um almoço com o namorado, que vai pedi-la em casamento. Que bom que escolheu um vestido tão lindo para a ocasião que nem sabe que vai acontecer.* Assim, mais uma cena se tornava um sonho.

Se eu malhar bastante este mês, posso usar um biquíni branco e me sentirei um pouquinho parecida com elas. Poderosa, sexy, feliz. E mesmo que eu jamais possa comprar um Pucci, o comércio da cidade vende alternativas com estampas parecidas, e também devo encontrar os acessórios

Quando eu olho para trás

e as sandálias em lojas populares. Para o resto, uma escova bem lisa no cabelo e uma maquiagem colorida devem ser suficientes.

Com criatividade, era possível recriar a essência de cada cena, mesmo sem as amigas, sem o noivo, sem as roupas caras.

Quando me mudei para São Paulo, no curso de jornalismo, a obsessão pelas revistas aumentou. Eu *precisava* me tornar uma jornalista de moda, tinha nascido para isso, era claro! Meu primeiro estágio foi em uma revista feminina moderninha, uma na qual as repórteres e editoras eram descoladas demais para ligarem para frivolidades como moda. O trabalho era zero atraente, mas, mesmo me sentindo tola, isso não me fez abandonar o meu objetivo.

Quando chegou a São Paulo Fashion Week, fiz de tudo para convencer a minha chefe de que estava pronta para cobrir um desfile e fazer uma matéria. Tenho fresca em minha memória, mesmo quase vinte anos depois, a primeira vez em que publiquei um texto sobre moda:

"Na última quinta-feira (14), fui ao meu primeiro São Paulo Fashion Week. Ganhei um convite para conferir a coleção primavera—verão da marca Maria Bonita, da estilista Danielle Jensen, e estava empolgada. Eu me considero uma pessoa normal, gosto de moda, mas não sigo à risca os mandamentos dos fashionistas de plantão.

Ao chegar na entrada do Parque Ibirapuera, percebi que havia esquecido em casa o mapa com o local do desfile. Pensei em desencanar e ficar tomando um solzinho na grama perto das fontes. Estava um dia tão bonito... Até que vi, a alguns metros, um cara com uma calça skinny, camiseta, tênis All Star e óculos Tom Ford, que só podia estar indo pra lá! Segui o tal. Andei, andei e, alguns minutos depois, comecei a ver indícios de que estava no lugar certo: modelos magérrimas, óculos oversize (beeem over) e botas de couro (o termômetro marcava trinta graus e, convenhamos, botas não são normais no calor).

Entrei, fui ao café, comprei um docinho, e me sentei para fazer algumas anotações. O desfile estava atrasado.

De repente, um cara me cutuca. "Oi, sou da revista tal, posso tirar uma foto sua e saber o que você está vestindo?" Caí na gargalhada. Mas o cara estava falando sério! Hesitei, mas já que estava na chuva... Logo após responder as perguntas, liberaram a entrada da sala do desfile.

E, a propósito, o desfile foi fantástico. Cores lindas, vestidos estilo regata, tudo bem larguinho e na altura do joelho. Só não gostei das últimas roupas, que pareciam sacolas plásticas. Mas, dizem os habitués, isso é arte."

Ao reler esse texto, me vem uma confusão de sentimentos. Talvez um pouco de vergonha por querer abafar meu fascínio por aquele universo apenas para agradar o outro. Uma autocensura imposta pelo receio de que a equipe, com seu crivo "intelectualoide", não me aceitasse.

Depois desse estágio, consegui uma vaga como repórter em um site nacional que falava sobre diversos assuntos, como celebridades, alta sociedade e luxo — bem menos *cult*, bem mais divertido. Meus editores sabiam que eu queria cobrir moda, então sempre me passavam alguma pauta relacionada ao assunto.

Um dia, me anunciaram responsável por um canal do site patrocinado por um shopping — e o assunto principal era o próprio shopping. Três vezes por semana, eu deveria ir até o local para eleger peças-chave, descobrir as novidades das lojas, dos restaurantes, do cinema. Precisei me beliscar. Estava no céu, revivendo as tardes de lazer com um belo *upgrade*.

Passava cabide por cabide e esperava pela roupa que me chamasse a atenção, como uma experiência intuitiva e transcendental. Quando a peça se destacava, as cenas começavam a se formar. Cada item me dava a possibilidade de criar um quadro perfeito. *Qualquer uma ficaria linda nesse casaco, principalmente se o usasse em uma viagem romântica. Uau, esse vestido preto é lindo para um encontro num restaurante chique. Esse shorts de corrida é ótimo para começar a se exercitar no parque!*

Apesar de apreciar e escrever sobre esse mundo, ele não me era acessível. Ganhando pouco em uma cidade cara e sem direito a um cartão de crédito, não sobrava quase nada para as minhas "tardes de lazer".

Mas até que a sorte sabia me visitar: minha colega de apartamento fazia faculdade de moda e estagiava em uma fábrica de jeans. Duas vezes por ano, havia um grande bazar para os funcionários e ela me vendia calças de marca por trinta reais. Além disso, me levava nas melhores lojas do Bom Retiro, um bairro conhecido por roupas de preços mais acessíveis. Assim, eu conseguia me vestir como uma versão B dos editoriais de revista e, exatamente como na adolescência, continuava buscando os mesmos sentimentos que aquelas fotos de modelos passavam.

Depois que o canal do shopping acabou por cortes de verba, fui promovida a editora-assistente de uma revista de moda e comecei a participar dos ensaios de capa e dos editoriais internos, além de entrevistar as personagens que elegíamos como *as mais fashionistas da cidade*. Nessa época, eu entrava na casa dessas mulheres. Não, melhor ainda, entrava em seus closets para fotografá-los e escrever sobre eles. Era como explorar um universo fascinante e inalcançável.

Com o tempo, no entanto, as coisas passaram a se condensar; tudo se embaralhou na minha cabeça. Os closets eram todos iguais, assim como as frases ditas pelas entrevistadas, que *supostamente* eram mulheres únicas e originais.

— Se vestir bem é muito simples. Tenha uma boa camiseta branca e um bom par de jeans, não é preciso mais que isso — diziam, ocultando que tais peças básicas custavam milhares de reais.

— Não uso muita maquiagem, apenas um rímel e pronto — contavam, depois de gastarem rios de dinheiro no dermatologista.

— Não ligo tanto para o que está na moda. Compro o que traz inspiração, apenas quando me sinto conectada com o *look* — já ouvi das que ganhavam roupas de grife todos os meses.

— Tenho várias peças que são heranças de minhas avós; o importante é investir em itens atemporais — era comum sair da boca das donas dos maiores closets.

Ao examinar as cenas tão de perto, comecei a enxergar falhas. Todas falavam a mesma coisa, as mesmas mentiras, jurando serem autênticas e zero contaminadas pelas tendências da moda quando, na verdade, eram iguais e sempre endinheiradas.

Os editoriais eram um misto de sonho e pesadelo. Para o tal sorriso Colgate eram necessárias horas a fio, maquiagens carregadas, ajustes cirúrgicos de poses, gritos de fotógrafos mal-humorados, trabalhadores com crise de ansiedade, telefonemas grosseiros de superiores que reclamavam sobre os penteados das modelos — que deveria ser mudado no meio da sessão, quando as pessoas já estavam exaustas — e, o mais importante, muito *Photoshop*.

A moda mostrou seu lado feio, azedo. Os bastidores eram atrozes e as pessoas, tóxicas e maldosas. Não que eu fosse ingênua a ponto de ignorar que fotos de revistas eram tratadas, mas alguma parte de mim passava por cima disso em nome das cenas que me traziam sonhos. Quanto mais frustrada eu ficava, mais falta as tardes de lazer me faziam. Senti uma necessidade maior de me vestir bem para ter autoconfiança.

— Sua blusa é, hum, lisérgica — uma fulana do trabalho me disse, certa vez, olhando de cima a baixo, deixando-me confusa com aquele comentário. Ela me levou de volta para a quarta série, quando fui alvo de piadinhas por usar uma sapatilha de veludo com um broche dourado que era da minha avó. Fiquei mal e devolvi o sapato. Assim como fiquei mal por usar aquela camisa verde estúpida, comprada depois de meses economizando.

Não sobrevivi ao mundo da moda e deixei o jornalismo dessa área de lado. Continuei precisando das tardes de lazer, principalmente quando a frustração batia. Na terapia, eu reclamava que gostaria de comprar menos e parar de acreditar que roupas iriam me ajudar.

Até hoje, quando vou a uma loja e alguma roupa se destaca entre os cabides, imagino a cena de como eu seria mais feliz usando-a. Um maiô preto numa bela praia, uma bota para uma viagem na neve, um vestido fluido perfeito para uma festa ao ar livre.

Parece lindo até que meu comportamento comece a ficar obsessivo. O passar frenético dos cabides e as lojas se embolam na minha cabeça. Numa tarde, entro em dezenas delas, experimento inúmeras peças e não levo nada. É compulsivo e cansativo. Nunca encontro o que busco.

Sento à mesa de um café depois da maratona de lojas e o cansaço toma conta, enquanto calculo mentalmente as diferenças do que comprei e do que gostaria de ter comprado. Meus pensamentos se voltam para meu guarda-roupa abarrotado, um reflexo das expectativas que nunca alcançaram seus objetivos.

Está se sentindo mal? Compre um vestido. Teve uma discussão com o marido? Compre uma bolsa. A moda faz você se comunicar com o mundo sem precisar falar nada. Compre.

A moda começou como um sonho de menina e me prometeu dias felizes e bonitos. Promessa que pouco cumpriu, trazendo angústias e a sensação de impotência. Eu nunca vou ser como as mulheres das revistas porque elas não existem. Nunca vou sentir plenitude ao usar um vestido esvoaçante, pois ele vai me apertar os seios e arranhar minha pele com suas alças finas e apertadas.

Só que eu sempre vou sentir aquela excitação ao andar nas lojas e me lembrar das tardes de lazer com a minha mãe, ao sentir o cheiro do café com chantili. Antes, a moda me ajudava a escapar do presente. Hoje, às vezes, me leva de volta ao passado, quando ela era um refúgio criativo, um local seguro, um momento especial.

Lágrimas

— Você chora?

Essa pergunta simples da minha amiga me pegou desprevenida. Acho que não tinha me dado conta de que hoje sou uma pessoa que chora pouco até aquela pergunta. Pensei um pouco antes de responder.

— Não sou de chorar... acho que este ano não chorei ainda — falei, ainda em dúvida.

— Pode ser o antidepressivo. Joana não chora também, igual a você, e ela toma remédio faz tempo. Mas nem em filme? — ela insistiu.

— Não tenho vontade. É claro que me emociono, mas não preciso chorar para sentir.

— Eu curto muito uma fossa — minha amiga afirmou. — Às vezes, coloco uma playlist bem triste, deito na cama, olho para o teto e espero o choro vir.

Por que alguém faria isso?, torci o nariz.

Na época daquela pergunta, meu trabalho consistia em criar campanhas publicitárias que tinham o objetivo de fazer as pessoas se conectarem com o que queríamos vender. Se elas se emocionassem e deixassem lágrimas rolarem soltas, melhor ainda. Sem dúvida, uma vitória.

Quando comecei a pesquisar referências para a campanha de Dia das Mães de um cliente, passei uma tarde vendo anúncios estilo marca de margarina, açucarados, e, para a minha surpresa, chorei. Foi um choro contido, sim, acho que cinco lágrimas caíram de meus olhos, mas chorei. Na hora, me lembrei de minha amiga e tirei uma selfie para enviar a ela. "Chorei! Estava assistindo a vídeos de maternidade e acho que me lembrei da minha avó", escrevi na mensagem. Ela respondeu com palminhas.

O assunto ficou na minha cabeça. Comecei a perguntar para outras pessoas se elas choravam, e a resposta era sempre positiva.

"Ontem à noite chorei porque meu filho estava com febre e não queria tomar o remédio de jeito nenhum"; "Na semana passada, ouvi um podcast sobre o assassinato de indígenas e solucei de tanto chorar"; "Briguei com meu marido sobre nossas férias de fim de ano e chorei de raiva." Os episódios pareciam frescos nas memórias dos contadores, mas não na minha. Eu estava sempre passando por um período de seca, o que dificultava o acesso imediato a histórias com lágrimas no fim.

Sabia que as situações que essas pessoas compartilharam comigo eram dignas de choro. Também ouvia podcasts tristes, passava por desafios com a minha família ou tinha uma forte TPM. Eu simplesmente não chorava mais por essas coisas. Resolvi, então, investigar minha relação com o choro.

No começo, me concentrei nas lágrimas de felicidade. Elas pareciam mais fáceis, mas percebi que foram bem raras. Recordei-me de quando recebi o resultado do vestibular. Tinha entrado na faculdade e aquele foi meu passe para a liberdade, para me afastar da minha casa, da minha história de origem e da minha cidade. Também me veio à memória a vez que senti meu filho mexendo dentro de mim pela primeira vez. Foi como flutuar em uma doce nuvem de alegria.

Na procura, acessei grandes momentos de tristeza do meu passado. Foram muitas lágrimas de abandono, rejeição, vergonha e culpa. Eu chorava pelas brigas constantes em minha casa, por ter poucas amigas na escola, por não conseguir me conectar tão bem com as pessoas, pelo desprezo dos garotos — talvez porque eu era um pouco esquisita, tanto por minha aparência fora do padrão quanto pela insegurança que me paralisava.

Como o medo é um sentimento muito presente em minha vida, era de se esperar que as lágrimas de medo tenham acontecido em abundância. E nisso eu estava certa. Quando pequena, descobri que todos vamos morrer inevitavelmente e ia dormir aos prantos depois que meus pais apagavam a luz e eu ficava sozinha no quarto. Eu me mudei da casa deles aos dezoito anos e, nos primeiros meses, chorava aterrorizada. Novamente sozinha, sem plateia, mas dessa vez decepcionada com aquelas lágrimas que teimavam em brotar dos meus olhos. Elas deviam ser as de felicidade, não de tristeza.

Com o passar dos anos, me acostumei com a solidão e consegui acabar com as lágrimas de medo, já que me pareciam, de certo modo, inúteis. Talvez a "seca" tenha começado a dar o ar da graça ali.

Mais velha, no trabalho, a insegurança também abria a porta para alguns soluços. Eu era boa no que fazia, sabia disso, mas o ambiente tóxico das redações de revistas, com chefes sádicos que tinham prazer em humilhar os subordinados, não ajudava em nada. Essas lágrimas, no entanto, eram sempre às escondidas, em algum banheiro ou cantinho isolado.

Durante a apuração, cheguei a um beco sem saída. Um ponto de virada que não consigo identificar claramente. Em algum momento da vida, me obriguei a engolir choro e fechar essa torneira. Desde então, ela se abre pouquíssimo, e funciona, principalmente, com vazamentos indesejados.

Quando meu filho nasceu, li muitos livros sobre o sono dos bebês. Um deles falava de um método que consiste em deixar a criança chorar antes de dormir, não importa se por dez minutos ou duas horas, até que ela aprendesse a dormir sozinha. O que eu entendi desse treinamento é que o bebê não iria aprender a dormir sozinho. Na verdade, me pareceu que o aprendizado era outro: ele não seria atendido se chorasse. Não sou expert e não li estudos sobre o assunto, mas o ponto é que essa percepção me veio à cabeça durante a minha busca pela história das lágrimas. Todos queremos ser atendidos em meio a um choro, não é?

Talvez seja o antidepressivo, talvez eu seja o bebê que aprendeu a dormir. Mas o fato é que a investigação me fez sentir falta das lágrimas. Algumas vezes, quando meu filho chora inconsolável porque não pode mais assistir à televisão ou porque quer nadar em pleno inverno chuvoso, sinto que ele entra num estado de calma profunda depois do choro. É como se as lágrimas fossem tão necessárias quanto a tormenta que antecede o céu claro e aberto.

Agradecimentos

Ao meu pai e à minha mãe, que sempre tentaram me dar o melhor, mesmo nos momentos turbulentos. Eu sei disso, mãe. Eu sei disso, pai.

Ao Cá, que está sempre no meio da torcida, agitando as mãos pra cima e gritando "vai que é sua!".

À minha irmã, que viveu tanto ao meu lado. Te amo, Nat.

Aos meus amigos que me ouviram, me leram e me incentivaram: Nati, Math, Ju Reina, Rafa, Manuca, Luiza, Analu, Ju Furrer, Elisa e tantos outros.

À Babi e sua generosidade infindável ao ler e reler meus textos, ouvir horas de áudios digressivos, ser uma inspiração e me dizer: "de um jeito ou de outro, você vai publicar".

À Dana, pela arte da capa, que foi amor à primeira vista.

Por fim, à Juliana Rodrigues, da Algo Novo, que foi imprescindível para a realização deste sonho.

FONTE Minion Pro
PAPEL Pólen Natural 80 g/m^2
IMPRESSÃO Paym